U0139954

家庭的牵绊

关于家庭关系的思考

家族関係を考える

[日] 河合隼雄 ◎著

李晓理 ◎译

上海三联书店

目 录

第一章　如今，家庭是什么？

1. 如今，家庭是什么？ 3
2. 家庭内的暴力 4
3. "先进"模式的崩溃 7
4. 对育儿的不安 9
5. 父母的教化 11
6. 真实对决的地方 13
7. 通过对决获得安定 16

第二章　个人、家、社会

1. 家庭的牵绊 21
2. 母亲和父亲的职责 23
3. 母性原理与父性原理 25
4. "我"存在的基础 28

5. 母性原理是基础　　　　　　31

6. 拷问父亲的个性　　　　　　32

7. 父性的入侵　　　　　　　　35

第三章　亲子关系

1. 爱的十字架　　　　　　　　39

2. 命运和意志　　　　　　　　40

3. 母子一体　　　　　　　　　43

4. 两个母亲，两个父亲　　　　47

5. 母亲的消极一面　　　　　　50

6. 从内心的母亲独立　　　　　52

第四章　夫妻的牵绊

1. 相爱的两个人　　　　　　　57

2. 两个历史　　　　　　　　　60

3. 夫妻间的真实对决　　　　　63

4. 互补性与相同性　　　　　　65

5. 个性的实现　　　　　　　　68

第五章　父亲与儿子

1. 父权的丧失　　　　　　　　　　　75

2. 俄狄浦斯和日本人　　　　　　　　78

3. 父性　　　　　　　　　　　　　　81

4. "天的父亲"和"土的父亲"　　　　83

5. 现代的父亲　　　　　　　　　　　86

6. 父与子的和解　　　　　　　　　　88

第六章　母亲与女儿

1. 青春期厌食症　　　　　　　　　　95

2. 母亲与女儿的结合　　　　　　　　99

3. 儿媳妇和婆婆　　　　　　　　　　102

4. 圆形心理　　　　　　　　　　　　105

5. 根源之处的母女结合　　　　　　　107

第七章　父亲与女儿

1. 苦于呕吐的少女　　　　　　　　　113

2. 父亲与女儿结合的消解　　　　　　115

3. 须佐之男的愤怒   117

4. 父亲的女儿   121

5. 两个父亲   124

6. 父亲·女儿的模式与日本人   126

第八章　兄弟姐妹

1. 该隐与亚伯   133

2. 痉挛症少年   135

3. 兄弟终成陌路人   137

4. 兄弟间的"平等"   139

5. 兄弟力学   141

6. 异性的兄弟姐妹   144

7. 兄弟争吵   147

第九章　家庭的危机

1. 离婚   151

2. 中年危机   154

3. 转折点   157

4. 对话的舞台 159

5. 牺牲品 162

第十章　老年人与家庭

1. 老年人的位置 169

2. 与爷爷奶奶的分居 172

3. 老年人的智慧 174

4. 两个太阳 177

5. 死后的生命 180

第十一章　家庭的内外

1. 难以对付的亲戚 187

2. 来自家庭外部的启示 189

3. 自立与孤立 191

4. 出外闯荡 194

5. 死后重生 197

6. "女性的灵力" 199

第十二章　未来的家庭

1. 合家欢乐的幻象　　　　　　　　205

2. 车有两台、无孩子　　　　　　　208

3. 家庭的悖论　　　　　　　　　　210

4. "你难道不理解父亲的感受吗?"　212

5. 我们自身的潜力　　　　　　　　215

6. 存在的确认　　　　　　　　　　217

7. 永远的同行者　　　　　　　　　219

后记

译后记

第一章

如今，家庭是什么？

1. 如今，家庭是什么？

　　家庭到底是什么？答案看似明显却又意想不到的难。笔者作为心理学家，专门从心理学角度来考察这个问题，但在与心理学比邻的社会学领域中，如何定义家庭似乎也是一件困难的事情。而且最近，文化人类学惊人的发展也证实了世界上存在着各种不同的家庭制度和家庭形态。

　　在此之上，家庭社会学把家庭成员的血缘性、以家为生活中心的共同性与日常性，作为定义家庭的重要因素。另外，作为家庭之外无法充分实现的功能，著名学者帕森斯（Talcott Parsons）列举了育儿（社会化）和成人的情绪安定功能。这些观点都很有道理，对于从心理视角来思考家庭也是非常有用的。

不过，在考察当今日本家庭关系的现状时，我们发现，上述对于家庭来说必不可少的要素有时会出现欠缺。对于每位家庭成员来说，家庭是否发挥了安定情绪的功能？我们一般都认为家庭是休憩的场所，但有时家庭不但不是休憩的地方，甚至还让人在家庭的人际关系上体验着地狱一般的痛苦。我想先从这一方面来考察。

2. 家庭内的暴力

家庭内的暴力事件越来越多，最近新闻也对此做了报道，我想大家都有所了解，我们心理治疗师也接受了不少这样的咨询。在考察当今日本家庭的存在方式上，此类事件有着重要的启示意义，所以我举一个案例来说明（我们不能原封不动地公开实际案例，因此在某种程度上做了变更和抽象化，请大家谅解）。

最初来咨询的是一位母亲，她表情阴郁，看起来很消沉，让人印象深刻。读高二的儿子对她施暴，她为此痛苦不堪。刚开始不太严重，但现在她被儿子打得浑身都是淤青，有时甚至感到自己的生命有危险。

虽然儿子并没有对父亲施暴，可父亲实在看不下去试图保护母亲，儿子在那一瞬间显露了胆怯的神情，但还是冲向了父亲，而父亲马上被他撞飞，躲进了自己的书房。从那以后，儿子的暴力就再也无法停止了。她只好去找老师商量，结果老师并没有轻易相信她的话，"那么好的孩子怎么会做这样的事情呢？"他认为母亲夸大了事实，所以只能说"让我们再观察一下吧"，于是，束手无策的她来向专家求助。

对父母来说——实际上对他们的儿子也同样——"家"并不是休憩的场所，而是可怕的让人想逃离的地方。

在东京，有专门为躲避丈夫暴力而离家出走的女性们设立的庇护场所。但最近因无法忍受儿子或女儿的暴力而离家出走的人越来越多，有母亲被高中生的女儿打到骨折和脊椎损伤；即使没这般严重，也有中学生把母亲和祖母当成练习职业摔跤的对象踢打，本人可能是在恶作剧，但祖母却十分恐惧，感到生命受到了威胁。

再回到这位母亲的陈述。她说她并没有人们所谓的过度保护，她尽量让孩子自立，而且她认为女性也该自立，所以即使兼职也一直没放弃工作。事实上，儿子也未辜负她的期待，从小就很独立，是一个优秀的孩子，成绩优异，不用父母督促就主动学习，完全是一个模范生。然而步入高中后，成绩急剧下降，她很担心，但为了尊重他的自主性而闭口不言，可儿子成绩却一直未见起色。直到有一次，因为看了太久电视，她提醒儿子该学习了，结果儿子用未曾有过的可怕声音说"别管我"，然后猛地推开她的肩膀夺门而出，这就是暴力的开端。她对此困惑不解，为何好儿子变得这般疯狂？

后来，笔者见到了这位少年，他言行十分端正，一开口就深深地道谢"母亲承蒙您的关照了"，让我甚是佩服。难怪高中老师没有把他的家庭暴力当真。那么，为什么好端端的孩子会施暴呢？

3. "先进"模式的崩溃

以战败为转折，日本对家庭的观念发生了巨大改变。从战前的父权家长制主导的大家庭，转变为民主的核心家庭。"先进"的家庭模式对国民产生了很大的影响，让每个人都为实现它而持续努力。

作为人们努力的最显著成果，日本经济得到了高速发展。不管核心家庭多么理想，首先都需要居住的地方，孩子为了发挥自主性也渴望拥有自己的房间，这就要求房子足够大，为此家庭的收入也必须增加。社会为了发展，也需要大量劳动力，女性的就业率也提高了，这对于原本就想走出家门自立的女性来说相当于雪中送炭，所有的一切都以进步和发展为目标而进行着。

但这里也有一个巨大的陷阱，日本之所以一直以来采用大家族的家庭形态，背后必然有其相应的理由和心理基础，我们无视这一点，只顾趁着经济发展的浪潮，引入了我们想象中的西方模式，结果导致家庭结构变得异常不安定，如同在日本房屋的地基上建造了西洋风格的大厦，我们以为房子已经按照内心期待的"先进"模式搭建完毕时，殊不知早已出现了深深的裂痕。

4. 对育儿的不安

近来，与家庭暴力同样严峻的是孩子的自杀问题。从统计数据来看，虽然总体数量没有大幅度增加，也不及西方国家那么多，但媒体大规模的报道，正说明孩子的自杀现象深刻地动摇着父母的心（年轻人自杀的高峰是昭和33年，这在世界范围内也是最高峰，不过当时媒体并没有当做问题来重视），父母再也无法把它当成事不关己的少数现象了，这凸显了父母内心对育儿的忐忑。

最近，一位高中生杀害祖母后自杀，这个案件就让我们深切体会到了家庭中弥漫的不安。住在东京世田谷区的某位母亲上班时在电视上看到了这则新闻，一瞬间打了个寒战"不会是我孩子干的吧"。她把这件事告诉了朋友，结果那位朋友竟然和她有相同的感受，她才意识到原来每个家庭都潜在着同样的危险，也就是说，很多父母都在孩子身上感受到一触即发的危机。

那么，和过去相比，家庭发生了什么样的变化？现在的家庭应该如何存在？即使从现在开始思考这些问题，也绝非一朝一夕就能得到答案，因此我们也许有必要从根本上重新思考家庭、父亲、母亲、孩子和彼此的相互关系。这是一项需要耐力的工作，若没有这样的思考过程，我们就会退回到最近教育与育儿评论中经常出现的"还是过去好"的论调中。我们曾肤浅地高举"先进"模式的大旗，最近感受到这种模式的崩坏时，一些教育评论家又开始发表"大家庭才好""明治的父亲很强"之类的怀旧论调，然而问题绝非如此简单。

确实，过去的家庭也许是休憩的场所，但是对于儿媳妇也是如此吗？为了让大家庭和谐地发挥作用，很多女性付出了泪水和忍耐。泪水和忍耐并非不好，它们也是人生必要的，可把它们都强加于一个人身上，其他人在此之上享受和睦，这并不合理。正是意识到这一点，家庭的存在方式才在二战后发生了变化。

既然过去和现在的方式都不好，那么我们到底该怎样做？这就是我们如今面临的困境，我们还没有找到可遵循的模式。

5. 父母的教化

这里再举一个例子。一位男士在成长的过程中吃了很多苦，他自小家境贫寒，父母严厉且冷淡，他竭力地想逆转人生，他认为包括父母在内的任何人都不值得信任，人类总是在某处做着坏事，在这些想法的影响下，他成功地抓住了人性的弱点，以此累积了财富，他冷酷无情的眼神让人畏惧。

然而，他对待女儿的态度却截然相反。他无论如何都不想让女儿复制他辛苦的前半生，所以把她当成千金小姐来养育。女儿成绩也不错，越来越让父亲满意，自由自在地长大了。不过上了中学后，女儿在交友方面突然出现状况。她与不良团体交往，不去学校在闹市区游荡，还开始吸烟，学校对此作出提醒，但父亲只是一味地责备妻子没有监督好，却无法对女儿表达不满。

不久后，女儿染指了毒品，且完全不听老师和父母的斥责，不良行为不断升级。一天，女儿趁着父亲独自一人时，走进房间威胁他马上拿出20万元，看着手握菜刀的女儿，父亲瞠目结舌。因为受到了刺激，一直反对找专家咨询的他来到了我们这里。听了他的陈述，我不得不感叹父母教化的力量。女儿并没有按照父亲的意愿成为千金小姐，而是如实地模仿了父亲的所作所为。也就是说，她正在体验威胁别人来获取金钱的快感，而此刻，这位父亲恐怕无论如何都无法为"不愧是我的孩子"而感恩，但人生的有趣之处正在于此，教化孩子的不是父母的"所言"，而是父母的"所行"。

6. 真实对决的地方

人类的心灵有着不可思议的互补性。刚提到的男士，他无法相信任何人，脑中净是黑暗的想法，尽管如此，他内心依然渴望信任和光明。他试图从与女儿的关系中寻找这一面，只要女儿满足他的期待，家庭就能够成为他的休憩之所。家庭之外，他生活在威胁别人、被别人威胁的修罗场中，但一回到家中他便可以获得安宁，站在他的立场来看，选择这种生活方式也是理所当然的。

然而女儿却无法忍受自己被纳入父亲的生活框架之中，为了证明自己是一个独立的个体，反抗父亲一厢情愿的决定，她选择了父亲最擅长的方式——威胁。对父亲来说，威胁并没那么可怕，但家庭中发生这种情况让他十分震惊。此时，父亲与女儿超越了某种模式和框架，作为独立的个体开始了对决。我略带讽刺意味地讲了这个女儿威胁父亲的案例，但这里也可以理解为，她正向父亲表明，她并不想成为按照父亲意愿行动的人偶，她渴望作为一个独立的人而存在。

这种状态可谓真实的对决。我们按照某种既成框架生活时可以获得相应的秩序和安定感。如同案例中的女儿，若满足父亲期待，选择千金小姐的生活方式，这个家庭或许仍能拥有安定的关系（虽说这种安定的千金小姐结婚后有时也会引起骚乱）。然而，她的个性并不允许这样。

我在上文中讲过，我们失去了既成的家庭模式，旧的东西不合适，新的东西也不行，正是这种状态才导致了家庭中的真实对决愈演愈烈。

因此，也有人为了逃离与家人的对决而在家庭之外构建了疑似家庭。我从越来越多来为孩子问题咨询的母亲身上察觉到了这种倾向。例如，一位母亲非常热衷于某一项社会运动，她和参与运动的伙伴们在无形之中形成了疑似家庭。他们拥有相似的看法，常常赞成彼此并相互慰藉，他们不会向对方展示阴暗的一面，更不会发生冲突，这种交往让她内心感到安宁。但对于这位母亲来说，她的孩子们正迫不及待地想从正面与她交锋。亲子关系可并不像朋友关系那样敷衍了事。

这位母亲进行了反思，意识到自己为了避免与孩子建立真正的关系，在家庭之外构建了疑似家庭。这不单单是母亲的问题，父亲也一样，他与同事喝酒打麻将，也建立了疑似家庭，从而躲避与家人构建真正的关系。过去，以家族的血缘为基础，人们在家庭中卸下紧张感，安心地做自己喜欢的事；而如今，人们却在家庭关系上倍感压力，并从家庭之外寻求安宁，但结果却不尽如人意，因为家庭若不安定，我们的内心也无法轻易得到安定。

7. 通过对决获得安定

家庭关系正遭遇前所未有的困境，这一点如何强调都不为过。事实上，不少在社会上非常活跃的人士都因孩子的事情来我们这里咨询。曾经有一位学校的老师感叹，他可以很好地指导学生，却培养不好自己的孩子。

这并不是父亲不好或母亲不好的问题，而是我们对于当今家庭关系面临的困境缺乏认知。对自己工作竭尽全力的父亲，却试图在养育孩子方面寻求轻易就可搞定的好方法，这几乎是天方夜谭。只有存在一定的标准，并考虑符合这个标准时，才涉及"如何做"的方法论。但家庭关系中并不存在单纯的标准，一旦需要个性与个性的碰撞，"如何做"

就行不通了，正因如此，曾经风靡一时的"如何做"类型的育儿书籍才逐渐失去了人气。

然而，家庭关系的困难之处也是其有趣之处。最初讲到的家庭暴力的案件也是如此，通过与我们交流，父母重新振作了起来，与儿子开始了真正的对决，儿子也终于表露了自己内心的真实想法："爸爸妈妈，你们张口闭口就是自立，但你们的所做所为难道不只是让我按照你们规定的方向前进吗？"如果父母能够真正地理解孩子的这种感受，这个家庭就会拥有与过去不同意义的安定。这时的家庭中，每一个人都可以畅所欲言，必要时也会相互碰撞，这与为了维持表面的和平而回避对决、流泪忍耐的安定是不同的，家庭关系也会因此变得更加愉悦。

若想真正实现我所说的，就有必要对家庭进行更深入的考察。如案例所示，孩子们很多看似不正当的行为都是在向父母呐喊，他们想要超越既有框架和固有的人生观，渴望个性地活着。因此，家庭问题也逐渐成为了与我们生存方式息息相关的重大问题。

不久前发生的因家庭问题而最终丧命的两个高中生的案件，给了我们巨大的冲击。详细报道该事件的《朝日新闻》记者本多胜一对两位少年的死亡给出了这样的结论："这看似是单纯的家庭悲剧，但从宏观的角度来看，也是象征民族命运的悲剧（《孩子们的复仇3》　《朝日新闻》东京版　昭和54年3月3日晚报　本多胜一）"。接下来，笔者也会从日本的社会、文化和生存方式等方面来思考家庭关系。

第二章

个人、家、社会

1. 家庭的牵绊

因高中生儿子离家出走，一对父母来找我咨询。他们很关注教育，与孩子之间没有任何问题，甚至亲子关系好得让学校和邻居羡慕。儿子也是一个好孩子，倍受老师喜爱。就在他们以为被好运眷顾而安心时，儿子却突然离家出走了，让他们震惊不已。

但儿子离家出走的目的，正是因为他是独生子，过分被家人溺爱，觉得没出息，所以想先自立，将来成功后再将父母接来一起生活，可以说是勇气可嘉的行为。不过离家出走时他穿着校服，进城后先去商场买了衣服，衣服是定制的，第二天才能拿到，他打算先在城里的亲戚家暂时停留一下，取完衣服后再离开，然而焦急的父母早已经和亲戚联系过了，他的宏伟计划只好以失败而告终。

这算是一场令人欣慰的离家出走吧。我想不少人都曾有过离家出走或类似离家出走的体验，又或是就算没有真正付诸行动，也曾有过这种想法。

想逃离家庭的牵绊，无所顾忌地做自己喜欢的事情，这样的愿望有着强大的力量。然而，就像上述案例所展现的，即使离家出走了，大多数人最终都会有意识或无意识地回到家中。不少离家出走的少年都会想方设法回家，仅从这一点就可以看出，日本家庭拥有非常强大的吸引力。

也有一些少年离家出走后没有回家。但调查后发现，他们其实进入了某种意义上比家庭有着更强牵绊的人际关系中，比如暴力团体，形成了一种疑似家庭的关系。也就是说，因家庭关系过于浓厚而离家出走的人大多会回家；因家庭关系过于稀薄而离家出走的人，最终会进入关系异常浓厚的疑似家庭关系中。

在思考自立、自我确立时，日本人认为家庭牵绊是强有力的阻碍因素。经常被提及的例子就是，日本刚开始接触西方思想并思考自我确立时，不少想要把此诉诸笔端的人，都是为切断与家人的牵绊而选择离家出走的人。但这里也出现了与上文不良少年相似的现象，这些人之间渐渐形成了"文坛"这个疑似家庭关系。结果，本意想要拒绝家庭牵绊的人，却一边顾忌着文坛的某些人一边来进行文学创作。

2. 母亲和父亲的职责

这样看来，日本的家庭关系不仅仅局限于家庭，而是与日本的人际关系、日本人的存在方式等本质问题相关。

有日本人认为，既然家庭关系稀薄导致人们渴望离家自立，那么比日本人自立的西方人，他们与家庭的联结一定更少。这完全是个误解。若把范围扩大到家族亲戚的交往上，青井和夫就曾在《家庭是什么》（讲谈社现代新书）一书中指出："以往的调查显示，日本亲戚间的往来频度明显低于欧美国家，这个结果让人意外。"但他也接着说"不能因此断定日本的亲戚关系薄弱"，日本的特点是"与共同生活的孩子接触浓密而与分开生活的孩子交往疏远"。而在欧美，他们与分开生活的孩子也会亲密地交往。

　　在这里，就像青井和夫特意区分使用了"浓密"和"亲密"两个词语，我们也可以认为人际关系的存在方式本身就存在差别，关于这一点，我们接下来考察一下。

　　人际关系始于母与子的关系。但这能否称为"关系"还存在疑问，因为这只是一方的关系。也就是说，新生儿在所有方面都要依存于母亲，他不会意识到母亲是一个独立的存在。而母亲把孩子当成自己的一部分，拥抱他养育他。这种母子一体感，不只存在于日本的家庭关系中，而是存在于人际关系的最根本处。

打破母子一体感的是父亲。孩子通过父亲开始认识"他人"的存在。走出一体感的幸福状态，孩子通过父亲了解到，与其他人接触和交往，必须遵守一定的规则。因此，对于孩子来说，父亲是社会规则的体现者，是不遵守规则就会给予惩罚的可怕存在。同时，只要孩子能遵守规则，父亲就会予以奖赏，教授他进入社会所必需的知识和技能。

3. 母性原理与父性原理

我们可以把这里所讲的母亲职责和父亲职责抽

象为支撑人类生存方式的原理。也就是说，母性原理的主要作用是"包容"，包容一切，所有的一切都拥有绝对平等。而父性原理就像打破母子一体感一样，拥有"切断"的功能，把所有的东西切断分割，分成主体和客体、善和恶。与母性平等地对待所有孩子相比，父性原理依据能力和个性来对孩子进行区分。这两种对立的原理，只有一方存在是不完整的，相互补充才能发挥好的效果，但事实上常常是一方处于优势地位，而另一方处于被压制、无视的状态。

母性原理和父性原理都非常重要，是人成长过程中不可或缺的。欧洲文化是极度推崇父性原理的特殊文化。西方的孩子，在强大的父亲力量作用下与母亲分离，他们有着与"他者"清晰区分的个体自觉。与此相比，在日本，母子一体感被长久保留下来，我们与他人建立的并不是个体与个体的关系，而是更看重自己和他人能否作为同一母亲的孩子，拥有"自己人"的一体感。日本很早就开始积极地接受西方文化，与其他亚洲国家相比，看似西方化进行得十分彻底，但从正在论述的这些基本点来看，还很难说我们已经西方化了。

目前为止，我用了"家庭的牵绊"这个表达，是想说明它并不是基于父性原理的"关系"，其特征是切割不断的母性。因此，即使一个人拼命地想离开家，切断与家庭的关系，只要他是日本人，就无法摆脱日本式的牵绊。

有一位教授非常理性，十分认同父性原理，对待自己的孩子善恶分明，从不娇惯。他的孩子能力不佳，于是他愈发想要切断与孩子的关系，他把原因归咎于孩子"没有能力、无药可救"。但他有一个中意的、并视之为后继者的弟子，他很袒护弟子，甚至相信弟子说的任何话，以至于周围的人都开始在背后嘲笑或议论他的"热心肠"。这样的例子并不少见，教授无视自己的感情，对亲生孩子过分地行使父性原理，但在其他地方采取母性态度来达到平衡。这种情况无论对于孩子还是弟子，都是不幸的。

我们想要轻松地模仿西方，但进展并不顺利。

4. "我"存在的基础

日本家庭的人际关系中，母性原理处于优势。那么，战前强大的父权家长制又意味着什么？这里我必须明确的是，母性原理处于优势指的是心理层面，并不代表着父权母权、父系母系。也就是说，日本战前的父权家长制中，父亲的确作为大家长握有权力，但也仅是作为母性原理的执行者而存在。

战前的父亲确实可怕。但父亲们并不具备基于父性原理的明确的判断力。父亲教育孩子只是为了不被世间嘲笑。这里要强调一点，日本社会规范的存在形式是暧昧不清的，也就是说没有被明确的语言化，而是作为从日常体验中累积得来的感受而存在。日本人一直以来学习的是如何与"自己人"保持平衡，当事情发生时，并不会依据明确的善恶规范进行判断，而是考虑如何在整体的平衡中将其化解。

这种状态不只局限于家庭，整个日本社会都是如此。因此，即使为了自我确立而离家出走，也会无疾而终。母性原理在个人、家庭、社会中发挥着强大的作用。但日本人也因此保持住了自己的个性。

当考虑"我"这个存在时，我们都想让自己与某种永存事物产生关联，只有这样，"我"的存在才有了基础。日本人十分重视作为永存事物的"家"。这里的"家"，对于日本人来说，不一定依靠血缘关系来维系。某家人有先祖有子孙，在这个"家"的系统之中，"我"占有一席之地即可。正因为重视"家"，个体就理所当然地被忽视。

西方人在强调个体的存在时，有基督教作为支撑。保护个体的不是"家"和血肉之躯，为了主张个体，人们需要与像父亲一样的神建立连接。相信了仅一次复活的约定，拥有了个性的人们才因此获得了存在的基础。认同每个个体的天父，秉持着明确的规范，对于不遵守规范的人，不承担救赎的责任。而在日本的"家"的系统中，个体是否属于"家"才是至关重要的，并不存在什么规范。离家出走的人就会变成局外人。

我并不是说日本人在确立自我时必须成为基督教徒。而是我们有必要意识到，在考察西方的自我确立时，是无法抛开基督教的。但如今，这个问题在西方也开始变得棘手。过度强调父性原理，让西方人的自我因异化而痛苦，事实上信仰基督教的人也越来越少。

5. 母性原理是基础

有人认为，受儒家道德的影响，日本家庭强调父亲的权威。关于这一点，川岛武宜在其名著《日本社会的家族构成》（日本评论社）中有着卓越的论述。日本"旧民法"中规定的家族制度是武士阶层的家族制度，是依据儒家伦理形成的，与农民和渔民等一般民众的家族制度不同。在农民阶层中，所有家庭成员都要根据自身能力来承担相应的家务，那里没有绝对的权威，起着支配作用的是合作氛围。这种合作氛围很重要，它是一种注重每个人的平衡的情感。

以儒家伦理为依据的"旧民法"，说到底是从国家统合的角度被制定的。统合需要建立中心。为了向中心统合，必须让家拥有中心。刚刚提到的普通大众家庭则是把全体的平衡和暧昧不清的氛围作为中心，缺乏明确的中心点。因此，战前的日本拥有二重构造，国家和社会层面保持着以家长制为中心的统合，但同时也重视和睦的、考虑整体平衡的家庭形式。

也就是说，不论儒家的家长制看起来多么强大，起主导作用的仍是母性原理。而到了"新民法"时代，我们并没有考虑上述这些问题，就剥夺了家长制的权力，试图建设"民主"家庭，不但没有改变基本构造，反而导致父权丧失，让日本家庭的母性原理更加凸显。

6. 拷问父亲的个性

学校恐惧症目前正在持续增加，这是战后混乱时期要结束时才产生的，战前并不存在。如今范围甚至扩展到了大学，无论哪个学校，都有一两个患学校恐惧症的人。学校恐惧症并不是本人偷懒，而是想去上学但是做不到。

这种状态恰恰印证了上文提到的日本强大的母子一体感和软弱的父亲形象。对于和妈妈在一起、不去上学的孩子来说，作为"不管发生什么事都要上学"的规则的体现者，父亲发挥的功能过于薄弱。

然而，人类的行动中蕴藏着复杂的含义。不上学的孩子，虽然和母亲在一起，可他却通过母亲最为反感的事情——"不上学"——来反抗母亲，完全破坏了家庭的整体平和。还有一位患学校恐惧症的中学生，不断肯求母亲为他买一台单车，当他意识到母亲绝不会答应他时，就直接去找父亲谈判。一直以来，母亲作为缓冲带，负责传递孩子的意愿，考量着整体平衡而做决定，但儿子打破了这种模式，父与子的对决开始。

父亲第一次直接把自己的意志传递给了孩子。

他向儿子说明了他每天的工作和收入，让儿子在此基础上好好估量单车的价格。后来，儿子不仅放弃了单车，并且很快重新踏进了学校。

对于这样的案例，我甚至认为，这个孩子为了唤起家庭中的父性才得了学校恐惧症。这时，如果父母通过尽量满足孩子的要求来迫使他上学，结果常常是失败的，并且还会导致他的要求不断升级。因为孩子潜意识中正在寻求与强大的父性对决，但遭遇的却是隐忍接受他一切要求的母性，这才是他痛苦的源头。

在上一章节中，我讲了一个把父亲撞倒的高中生的家庭暴力故事。那位高中生后来对我说，他为那件事痛苦万分。他期待着能败给父亲，但他却获胜了，他失去了让自己停下来的机会。若变成这种情况，问题就没那么容易解决了。

刚才提到的案例也是一样，父亲被逼到无处可逃时，以自己的人格为赌注，成功地与儿子进行了对决。但他若只想依赖某些好方法来解决问题，孩子并不会满足，因为儿子正在拷问父亲的"个性"。

7. 父性的入侵

这样的案例让我感受到，父性开始在孩子内心深处萌芽。这是一种不惜打破整体平衡来表达自我的力量。

然而为了培养真正的父性，如上所述，自我的表达需要与现实碰撞，或与社会规则冲突，并把这些内化成自己的一部分。但孩子们内心萌发的父性还很薄弱，就像最先提到的离家出走的少年，遇到一点困难就逃到母性的庇护下，而父母也很快就接纳了这样的行为。

尽管有"旧民法""新民法"等法律的存在，根植于日本人、日本家族和社会中的母性原理仍是极其强大的。不过到了国际交流愈发频繁的今日，父性渐渐地渗透进日本的家庭之中。

公认的母性伦理、加之儒家伦理和新的父性原理，导致伦理观出现巨大混乱也是正常的。因此，现在不论父母还是孩子，都没有明确的伦理依据，只是根据情况各说各话罢了。

这一次我概述了父性原理和母性原理，之后我会更加详细地对此进行探讨，为混乱的家庭关系寻找出路。

第三章

亲子关系

1. 爱的十字架

自古以来，人们就把家庭内部的成员称为"自家人"，十分重视家庭的一体性。但把家庭成员结合在一起的牵绊却各不相同。也就是说，横向的夫妻关系的牵绊与纵向的亲子关系的牵绊，性质是完全不同的。加之兄弟姐妹的关系，家庭关系的复杂性无法简单地用"一体"来概括。因此，本应该保持"一体"的家庭关系才出现了预料之外的对立和纠葛。如果一个人在家庭中处于横向关系和纵向关系的纠葛的正中央，那么就要体味如同被钉在十字架上的痛苦。

如今在大多数家庭中，体验这种痛苦的是与父母生活在一起的新婚夫妇中的丈夫。他必须在母子的纵向关系与夫妻的横向关系中，承受来自爱的十字架的痛苦。但有时，本应处于十字架中心的男性却躲进了"职场"这个隐匿之所，助长了女性之间的激烈战争。

2. 命运和意志

血缘的亲子关系和非血缘的夫妻关系共存，这是家庭关系的特征。

关于亲子关系，最重要的一点就是它由命运决定，无从选择。孩子的出生与我们的意志无关。作为父母，我们也不能从众多孩子中选出自己想要的孩子。因此，亲子关系是绝对的，无法否定的。一位父亲曾说过"我与儿子断绝关系了"，而我答道"就算断绝关系，他也是你的儿子"。即使我们想在意志上否定亲子关系，这种牵绊也不会因此被切断。

与此相对，夫妻关系是由双方意志决定的。当然，这与成员所属的文化和社会相关。越是近代性质的社会，夫妻关系越是由当事人双方的意志决定，也根据双方的意志解除。人类生活中的命运和意志，这两种相对立的力量作用于家庭之中，而保持两者的平衡十分艰难，因此，我们总会以其中的一方为主导来决定家庭的存在方式。

重视血缘的家庭中，夫妻的结合会很薄弱。就像战前日本家庭中儿媳妇的地位一样，她们在生育子女、创造出有血缘的家庭成员之前，一直都被当成外人来对待。

而在重视夫妻契约关系的美国家庭中，他们的亲子关系就与日本不同。比起血缘关系，亲子关系也更接近契约关系。也就是说，从很小的时候开始，孩子与父母形成的就是独立个体之间的关系。

孩子长大后，依据自己的意志离开父母。但父母会努力成为被孩子尊重的人，他们期望与已经自立的孩子建立朋友关系。而在重视"命运"般的亲子关系的日本，我们希望夫妻的结合也像亲子关系一样，是命中注定和绝对的，无法切断。

如果只把重点放在某一方来考察家庭关系，会方便我们明确地得出某些结论。但事实上，把家庭当成命运和意志两种力量都在运作的存在来看待才是合适的。

在下一章节中，我会用一个案例说明，即使是依据自己意志而结婚的夫妻之间，也无法摆脱不可预知的命运的掌控（也可以说是潜意识里的意志）；另外，哪怕是命中注定的亲子关系，父母与孩子彼此认可也需要强大的意志力。有了这种觉察，我们才能在家庭中背负起爱的十字架。

3. 母子一体

家庭中的人际关系，由各种牵绊而组成。但上一章已经讲过，人际关系最初的起源仍是母与子的关系。不论什么样的孩子，男人还是女人，都由母亲而来。出生之前，孩子和母亲的关系是"一心同体"，孩子以母子一体感为基础逐渐长大，如果这里出现了阻碍，就会产生很大的问题。

高中生的女儿不断离家出走，随意与异性交往，这让一位母亲非常困扰，来我这里咨询。我并不是说所有这样女儿的母亲都是如此，但我见到这位母亲时，立刻感受到她身上母性的匮乏。这位母亲也并非对女儿的事情不上心。她很重视孩子的教育，正因为关心女儿，才不辞劳苦地过来找我咨询。用冷漠形容她也不准确。非要说的话，就是这位母亲身上"土的味道"① 太少。我也很困惑不知道用什么词语来表达，也许给人一种过于"干枯"的感觉。

这种情况旁人某种程度上或许可以理解，但本人几乎无法明白，也不是一经提醒就能立刻觉察到的问题。这位母亲有意识地、过于用力地想成为一位好母亲，所以女儿很多时候也无法用语言表达对母亲的不满。即使被问到哪里不满意，她也说不清楚。她只是想离家出走，明明知道很愚蠢，却总是被男人吸引，无法控制。当然，最近也有不少这样的女孩，试着以"自由性行为"理论来武装自己，与他人展开激烈论战，这时若我们不加入论战，只是平和地听她倾述，最后就会发现她其实也无法理解自己的行为。

---

① 这里的"土的味道"可以理解为温暖、包容、有生命力的大地一般的特质。——译者注

女儿渴望与母亲获得一体感。她不知道怎么表达她几乎没体验过的感受。在这样的案例中，我们也很难把原因归咎于母亲。因为这样的母亲，她自身的"母子一体感"的体验也非常少。在母亲与孩子都不明原因的情况下，女儿也可能平安地长大成人，成为和母亲一样类型的女性，从表面看来也没有什么问题。但案例中的女儿，到了青春期开始不断制造麻烦，正表明她潜意识的力量起了作用，想要改变母亲的生活方式。然而，她并不知道自己缺少的东西的本质是什么，只是被驱使着进入了在根本上象征着"母子一体感"的"肉体"的世界。

她一边体验着肉体的合一——当然这不能称为真正的合一——一边又被无法得到渴望之物的寂寞感裹挟，因此她不断地更换对象，但仍不满足，这是因为她希求的并不是异性，而是母亲。

后来，经过长时间的治疗和努力，她的母亲恢复了母性，而她本人也在周围人的帮助下某种程度上体验了母性，然后，她的异性关系就神奇地消失了。而真正的异性关系，她之后才会体验。

养育孩子的过程中，母子一体感的重要性，如何强调都不为过。母子一体感稀薄的孩子，在幼儿期就会出现很多问题。我听说过一个极端的案例，这样的婴儿即使被给予了足够的营养，也有死亡的情况发生。又或者某种程度上平安地度过了幼儿期，到了内心世界急剧重建的青春期时，他们身上也会显露各种问题。

对于孩子来说，青春期是异常重要的时期。为了跨越这个不安时期，很多孩子都想退回到母子一体的安定状态，在确认母子一体感后，他们开始长大成人。平时态度端正的孩子到了青春期，有时会意外地向母亲撒娇，也是因为这个原因。这时，如果母亲认为孩子已经长大了，严厉地拒绝了他们的撒娇，就会引发一些孩子的对抗，导致亲子关系急剧变差。

4. 两个母亲，两个父亲

我们强调了母子一体的重要性，为了避免产生误解，有必要说明一点：母子一体感不一定要在亲生母子间来体验。祖母或者伯母、无血缘关系但能代替母亲行使职能的女性也没问题。只要是"母亲般的存在"就可以，不一定是亲生母亲。

我在这里使用了"母亲般的存在"。我们内心都隐藏着"母亲般的存在"的原型。上一章中，我在阐述母性原理时提及了母性功能是包容一切，包容万物的母亲原型，就存在于我们潜意识的深处，影响着我们的意识。

例如，这个原型起作用时，孩子内心就会期待出现一个绝对包容自己的母亲般的存在。但只要现实中的母亲是人类——不论她是多么好的母亲——

就都无法满足孩子们的绝对期望。这时，孩子会认为自己真正的母亲也许在别处。一旦有了这样的想法，他就愈发觉得和其他兄弟相比，只有他没有得到特别的宠爱，因此很多孩子都曾怀疑自己是领养的孩子。

这样的疑问是孩子自立行为的开始，通过这种体验，孩子渐渐知道母亲不是绝对的存在，而是一个常人，绝对的母亲原型只存在自己心中，有了这些觉知，他才可能离开母亲自立。

对"真正的母亲"存在于某处的情感，让我联想到故事中经常出现的"两个母亲"的主题。受继母欺凌的孩子踏上寻找亲生母亲之路的故事总能打动我们，也是因为这个原因。

这一点对于"父亲"同样适用。"两个父亲"的主题也比比皆是。孩子们在外面遇到值得信赖的年长男性时，都会想"他要是我的父亲该多好"。

希腊神话中的英雄代表人物赫拉克勒斯，他的母亲阿尔克墨涅是人类，而父亲是众神之王宙斯。赫拉克勒斯有一位同母异父的兄弟伊菲克勒斯，伊菲克勒斯的父亲是人类。有着神的血脉的赫拉克勒斯是英雄，而人类血脉的伊菲克勒斯则是普通人。有趣的是，这两个兄弟分别代表了人类心中英雄的一面和普通的一面。也就是说，遵循着常识过着普通生活的人们，背后都隐藏着英雄的一面。正常的一面很清楚地知道自己是普通人类的孩子，但英雄的一面则认为宙斯这样伟大的神才是自己的父亲。

也有人觉得人类心中并不存在英雄的一面。但我认为从父母身边独立就是英雄的行为。从那时起，每个人心中的英雄都蠢蠢欲动开始活跃。显露出英雄一面的孩子，会认为眼前的父亲不可能是自己的父亲，真正的父亲在别处，于是他会对自己的亲生父母产生抗拒，甚至有些孩子还声嘶力竭地大喊："你们才不是我的父母"。

5. 母亲的消极一面

两个父亲、两个母亲的问题，也可以从另外一个不同的角度来考察。以母亲为例，我们提到了母性的功能是包容一切，但这功能既有积极的一面也有消极的一面。

接纳孩子的一切是积极一面；包容性过于强大也会剥夺和侵蚀孩子的自由，这是消极一面。很多孩子都在母亲的内在察觉到了这两方面。

不过父母，尤其是母亲在面对孩子的时候，从不会怀疑自己作为父母的绝对性。她们断然意识不到"两个母亲"或"母性所持的消积一面"，她们确信母亲对孩子来说是无法替代的存在，是绝对积极的存在。母亲们被这样的信念支撑着，因此跟孩子生气时，会脱口而出"你不是我们的孩子""离开这里"，但不管说什么，母亲们的行动都是以母子牵绊不会被切断为前提的。如前一章所述，日本是个母性原理十分强大的国家，母亲的正面形象是不允许被质疑的。

但孩子想要自立时，不管他的母亲多么好，他也会意识到母亲的消极一面，甚至感到母亲的亲切像是一个要吞噬自己的阴谋。与家庭内施暴的孩子接触时，我们发现这样的孩子对母性的消极一面有着极其敏锐的反应。他们的母亲对母性的善意秉持绝对的信赖，温柔地对待孩子。可对孩子来说，这种"温柔"却是一股试图剥夺孩子自立的带有侵略性的力量。母亲们俨然觉得自己是救赎者的观音，然而折射在孩子眼里却是吞噬一切的女妖的样貌。"两个母亲"的姿态充满了悲剧性。当孩子为了避免女妖的伤害与母亲对抗时，母亲则完全不能理解扑向观音的孩子的感受，还为孩子的疯狂而万分忧虑。

在母亲身上看到女妖影子的孩子在呐喊："你才不是我的母亲"。但他真是在否定母亲吗？这种否定很多时候会中途戛然而止。因为孩子即使向父母施暴，仍会留在家中接受母亲的照顾。他们身上并不具备否定母亲之后迈向自立的力量。换言之，日本的母子牵绊有着无法预估的强大力量。

6. 从内心的母亲独立

一个人若想自立，就要避免把自己心中的母亲般存在的原型与现实母亲混淆，不要把无论何时何地都会提供帮助的绝对母亲形象或吞噬一切的可怕母亲形象投射在现实母亲身上，而是要从内心的母亲身边独立，同时，与现实的母亲作为有界限的两个独立个体相处下去。这就是我之前提到的"命中注定的关系也离不开意志的因素"。

《马太福音》的第十二章中写道耶稣不承认自己的肉身母亲。耶稣与众人说话时，母亲和兄弟在外面等待，得知这个消息后，耶稣回答："谁是我的母亲？谁是我的兄弟？"然后对门徒们说："凡遵行我天父旨意的人，都是我的弟兄、姐妹和母亲。"西方文化就在这种对母亲的强烈否定之上形成的。否定了肉身的母亲，才有"爱邻人"的人际关系。也就是说，比起血缘关系，西方文化更重视契约关系。

相较之下，东方国家至今都没有对母亲进行否定。而其中，日本是一个既保留母性又很早接纳了欧美文明的特殊国家。人们通过在宗教层面象征性地否定母亲后，无需再与亲生母亲进行鲜血淋淋的斗争，从而得到了保护。事实上，很多宗教仪式都是人们为了避免直面内心深处的"可怕原型"而创造出来的，但近代的理性主义对非理性的仪式发起了质疑，否定这些仪式甚至否定宗教。

因此，现代人在没有任何宗教保护的情况下就必须直面自己的潜意识。如案例所示，缺乏宗教知识和宗教庇护的孩子们，不得不在真实生活中遭遇了观音和鬼子母。不相信来世存在天堂和地狱的现代人，一心想在今生过上乐园般的生活，反而在家庭中体验着地狱一般的煎熬。我不认为既成宗教可以单纯地解决所有问题，不过我们也有必要意识到，若要彻底地探究家庭问题，就必须深入自己的内部世界，这时必然会涉及宗教问题。

这一章节中，关于亲子关系的本质方面，我们着重讲述了母亲，之后我会分析父亲的问题。

第四章

夫妻的牵绊

1. 相爱的两个人

一位看起来很有品位的年长女性，带着二十多岁的女儿来我这里咨询。这位母亲称，结婚数月后，女儿因忍受不了丈夫家人的行为，逃回到了娘家。了解女儿的遭遇后，父母竭力督促男方家人反省，每次都以失败告终，事态愈发恶化。父亲一气之下提出离婚，不过母亲和女儿心意未决，于是向我求助。虽然情况严峻，但看着相互倚偎着坐在一起的母女，如此般配，我甚至觉得没有必要破坏这样的组合而让女儿嫁到别人家中。

女儿是家里的长女，有一个年龄相差较大的中学生的弟弟。她的丈夫是独生子，而且家里也很宽敞，便提出要求，想与父母一同生活。女方对此十分抵触，虽然在她的努力下，男方的意愿未达成，但她认为，婆婆过分地干涉了他们的生活，单独生活还是共同生活并无差别。每当婆婆打来电话，丈夫都特别开心，一聊就聊很久。一次，丈夫让她也接电话，她以"没什么可说的"为由拒绝了，丈夫觉得她很失礼，于是两人开始争吵，而且愈发激烈，妻子认为丈夫不理解自己，一气之下便离开了家，之后，两家人也加入了战争，互相指责对方的缺点，现在正打得不可开交。

　　这样的咨询为数不少。而且孩子出生后，若发生了同样的情况，问题会更加错综复杂。比如孩子由哪方抚养，似乎与爱和孩子未来的幸福无关，而是成为了为难对方、达成自己目的的手段。但是，每次听到这样的故事，在弄清楚男女双方孰是孰非之前，我首先觉得，年轻夫妇对婚姻里无法避免的双方家庭的纠葛没有任何预估就结婚了，然后为一点状况而惊慌失措，真是很没用。说到"没用"，这对父母，简直就像欢迎女儿逃回娘家一样，一家人紧紧相拥在一起。我问她："因为男方是独生子，考虑到母子之间的联结，婚后势必会伴随着一些纠纷，婚前你是否有过心理准备？"她说："我们因相爱而结合在一起，所以我想我们一定会幸福的"，而她的母亲也频频点头表示赞同，认为"正是如此"，让我哑口无言。

越是接触这样的案例，我愈发希望年轻人千万不要被"相爱的两个人一定会幸福"这样的危险思想影响。

如上一章节所讲，夫妻的牵绊与亲子的牵绊结成了十字架。新的结合要求切断旧的结合。两个年轻人结合在一起，理所当然地要切断与各自父母的牵绊。然后在双方的努力下，被切断的旧的联结将转变为新的联结。忍受被切断的疼痛，分享各自为了建立新的联结而做的努力，只有这样才能称为真正的爱，而其间痛苦的体验是必要的。若没经历过这种努力，两个人只是单纯地渴望结合在一起，我想这并不是爱，而称之为"冲昏了头脑"更妥当。

2. 两个历史

接还是不接婆婆的电话，儿媳妇为此逃回了娘家，听起来很可笑，但是这样的案例并不少见。其中不乏一些大学毕业的、所谓有教养的人。也许"教养"至少能阻止大家走到离婚这一步，但不断重复愚蠢的夫妻争吵的"知识分子"却意外地多。

结婚之前，夫妻都背负着各自的历史。现在要"结合"在一起并不容易。来自每个人的历史的召唤，总会动摇新结合的形成。为了避免这种危险，人们制定了各种婚姻制度和与此相关的伦理。例如，日本的"旧民法"就很重视"家"，女性是要嫁入"家"中的。人们认为，为了避免"两个历史"冲突，最好的方法就是把女方纳入到另一方的"家"的历史中，于是就形成了以女性的忍耐为美德的价值观，拒绝女儿回娘家的严厉的父亲形象得到推崇。

而新的婚姻观要求我们放弃"家"，重视"个体"。但是，我们日本人似乎并没有成为"达标"的"个体"。至少，我们没有意识到这需要付出很多努力。如今的女性不再以容忍为美德，她们主张自我。不过我在第二章讲过，日本的母性原理很强大，一个女人在与一个男人建立新的联结时，总是被传统的母女结合的强大磁场所吸引。于是，妻子频繁回娘家，与自家的亲戚接触越来越多，丈夫很生气，也因此与妻子进行"愚蠢"的争吵。但大多数情况下，特别是如果丈夫是知识分子，他就愈发顾虑，不敢轻易拿旧的家庭伦理观要求妻子"重视丈夫的家"。于是，只有妻子一方的关系变得越来越紧密，这并不意味着女性的独立，她只是毫无顾忌地遵从过去的母性心理罢了。而男性因为过于害怕被认为固守封建伦理，不知不觉中又被新的弥生式的旧伦理所束缚。

也许是对过于强大的母性的一种补偿，日本的家族制度强调父权，女儿出嫁意味着"送给了人家"，严格地切断她与家人的联结。基于这种伦理，人们把出嫁象征性地理解为"女儿已死"。因此，日本的婚礼仪式中有不少部分与葬礼重合。

我们摒弃旧式思考方式和制度，开始依照新的婚姻观来构建夫妻关系，然而我们是否已经形成了新的伦理观？如果是弥生式伦理观①，那么统一为弥生式也可以，但自认为是西方近代派，实质却是弥生式，那么不仅是本人，身边的人也会因此遭殃。

---

① "弥生"是日本的一个时代，称为弥生时代，弥生时代的伦理观，指那个时代的一些古老固有的观念。——译者注

3. 夫妻间的真实对决

回到打电话这件事上。与婆婆在电话里聊天的丈夫，作为没有从母子一体中脱离的男性，正在享受愉悦的时光。他希望爱他的妻子也能为此欢喜，他甚至还产生了错觉，认为与婆婆聊天对妻子来说同样快乐。

对于更擅长让两个人融合在同一场域中，而不是作为独立个体与对方构建关系的日本人来说，从场域外传来的任何声音，都如同"入侵者"，不管这个人多么温和亲切。丈夫完全不理解妻子的这种感受，而妻子也以此为契机逃回了娘家，让父母代替他们夫妻吵架，这并不是一个独立的人应有的行为，她放弃了与丈夫进行"个体对个体"的对话。

人类的自我同一性，都是由一些细小的事情所支撑的。每天早上喝味增汤的人，如果放弃了喝味增汤，他的自我会意外地动摇；每天回家时都有人对你说"回来了"，如果哪一天听不到了，人也会很大程度丧失安定感。

把夫妻背负的两个历史统合在一起绝非易事。有时，使用"不分青红皂白"的伦理，会让这种艰难的统合变得容易一些。思考两个历史哪个是正确的并不能解决问题，此时如果有"媳妇应该遵守婆家的习俗"这种"简单粗暴"的伦理，那么虽然辛苦一点，大抵也能相安无事。

然而，我们追求自由，否定"不分青红皂白"的伦理，虽说如此，我们仍然没有找到任何可依靠的根基，只是左右摇摆、飘忽不定。夫妻关系需要真实的对决和创造性，只凭"冲昏了头脑"是无法持续的，我们需要付出相当大的努力。

4. 互补性与相同性

目前为止，我们在与其他人际关系的纠葛中考察了"夫妻的牵绊"。那么，把目光聚焦于夫妻两人之间又会有何发现呢？在日本，有一个非常方便、含义又深的词叫"性情"。我们常说性情相投、性情不和，但若问"性情"到底是什么，恐怕并不容易回答。

这看似简单又复杂的"性情"，就存在于夫妻关系的根源之处，让我试着论述一下。

上面提到了缺乏对婚姻的认知而导致不到一年就离婚的例子，更典型的情况是结婚数年后也存在一个节点，俗称"七年之痒"，特别容易出现在因热烈恋爱而步入婚姻的人之中。

这样的夫妻，就像没了汽油的汽车，出现了"热情耗尽"的现象。恋爱真是神奇，两个人感受到了难以抗拒的相互吸引的力量，但却无法了解其中的本质。

与面临七年危机的夫妻见面，他们最常对我说的话就是："我不知道自己为什么选择他""我没想到他变成这样"，但是仔细倾听，会发现他们选择的对象都不错。一位男性控诉他的妻子不爱说话又冷漠，对待他的亲人和朋友很不友善，而他自己喜欢结交朋友，妻子与他完全相反，简直就是个冷淡无情的人。然而见到他妻子本人时，我意识到如果外向的丈夫和内向的妻子之间保持恰当的平衡，这对夫妻一定会相处得非常融洽。

夫妻之间存在互补性。刚才提到了内向外向的例子，在人生观和生活态度上亦是如此，男性和女性本来就在很多方面是互补的。不论什么样的人生观和性格，都既有缺点也有优点。为了防止片面化，更灵活地发挥实际功效，来自相反一方的补充是必要的。夫妻对事物的看法出现对立也与此有关。希望孩子努力学习的母亲和认同孩子应该尽情玩耍的父亲，他们看似对立，但正是对立才保持了良好的平衡。

相互对立的两方没有发挥互补作用，反而形成强大的敌对关系时，就会产生破坏性。为了防止这种情况发生，我们还需要相同的部分，好让"对立"发挥建设性作用。这也是夫妻关系的有趣之处。相同部分和对立部分恰当地组合在一起，夫妻关系得以保持平衡。也就是说，为了维持关系，夫妻需要相同的部分，发展关系则需要对立的部分。如果对立部分扩大，支撑关系的相同部分变弱，就会出现破局；而相同部分增加，对立部分减少了，关系会失去魅力，变得冷淡。

这里提到的相同部分包含每个家庭的财产、家世、风俗习惯等因素。相亲结婚会把重点放在夫妻关系的维系上，所以更重视相同部分。而恋爱这种情况，刚刚提到了"冲昏了头脑"，也可称之为对未来发展可能性的一种潜意识的预感，被互补性激荡着，从而对维系功能方面缺乏考虑。不过当我们见到这些夫妻时，很多时候会惊讶地发现他们都做了不错的选择。相亲结婚的话，不仅是介绍人，当事人最初也没有注意到他们之间存在着互补性。或者，恋爱结婚的两人，细数着对方的优点，认为他们是依据双方意志而结婚的，但互补性也在不为人知的地方起着作用，也许这正是两人情投意合的原动力，然而未来这一点浮出水面时，问题也随之出现，甚至导致离婚。

5. 个性的实现

为了解释夫妻之间的互补性，我曾对咨询离婚的夫妻说过下面这番话。"夫妻是河中的两根柱子，而夫妻关系就是在它们之间结网。选择近一点的柱子，结网容易但鱼收获的少；而选择远一点的柱子，虽说结网要费些力气，一旦结成就收获颇丰。你们两人贪心地选择了远处的柱子，却放弃了结网，那么为了将来有更多收获，你们是否愿意再努力一次呢？"惊喜的是，他们都很好地理解了这个比喻。

即使当事人没有意识到，但大部分夫妻的选择是很恰当的，这也许就是人际关系中"命运"的一面。考察亲子关系时，我提到人际关系中意志一面（契约）和命运一面，微妙地交织在一起。哪怕根据意志做出的选择，在深入发展关系时也会发现命运的因素。既然用了"意志"这个词，或许应该称之为上天的意志吧。

按照这种方式思考的话，我们就能理解为什么基督教要禁止离婚。人类世界不论哪种制度都有不足的地方，我也并非坚决地反对离婚，可最近美国西部的离婚率超过了50％，也着实让人惊讶。这就相当于，汽油用光了就要买新车，因为新车也数量有限，就只能找其他人用过的二手车。不过像日本夫妻那样，仅依靠一点相同部分来维系，关系上没有任何发展的可能性，也不值得推崇。

说起相同部分，不只局限于过去的历史，也可能存在于未来的目标中。让孩子上一流大学、盖栋房子、让丈夫事业成功……夫妻把这些当成共同目标而努力时，双方的对立部分就完美地发挥了互补作用。但目标达成后，危机就来临了。失去共同目标的对立部分开始形成敌对关系，也就是所说的中年危机，关于这一点我将在第九章详述。

本章最初举的例子中，实际上，我觉得比起女儿的夫妻关系，前来咨询的母亲与丈夫当时的关系，才应该被当作问题来看待。简单来说，这对夫妻作为安定型夫妻，已经不再努力发掘彼此关系发展的可能性，而把期待都放在女儿的成长上。因此，女儿结得良缘既值得高兴又不禁让人悲伤。拥抱着逃回娘家的女儿，提出离婚的父亲再次体验了得到女儿的快乐。但实际上，这位父亲应该做的是，把对女儿持有的情感转向妻子，积极构造新的夫妻关系。女儿婚姻失败其实是对父母夫妻关系的拷问。事实上，很多夫妻关系的问题都通过孩子的问题来显现。这时，为了更快地解决问题，比起一味地指责女儿丈夫的家庭，不如试着反思自己的夫妻关系。

男与女的互补性非常深奥，不可能完全知晓。正因如此，我们才能与唯一的异性牵手共度一生，刚开始时我对"冲昏了头脑"做了否定的陈述，但如果把它当作对发展可能性的潜意识的预感，也有值得肯定的一面。重要的是，能否付出把预感变为现实的努力。若每次都能把感受到的"冲昏了头脑"转变为现实，并不断地如此尝试，也可以说是理想的夫妻了。发展的过程中会伴随着死和再生的现象，对于这样的夫妻，他们内心如同体验了离婚和再婚，正因为经历过这种痛苦的过程，夫妻关系的维系和个性的实现才得以共存，夫妻关系才能作为创造个性的容器来发挥作用。

人类心灵的互补性，不仅体现在人际关系上，也存在于每个人的心中，实际上，男性内心深处包含女性的因素，而女性的心中也有男性的因素。目前为止，我讲到的夫妻间的互补性指的也是每个人心中应该完成的统合过程。因此，当以内在整合为目标时，就算不体验结婚这种外在形式，也可在自己内部完成，这样的例子虽稀少但也存在。当自我实现真正出现问题时，两个人会在关系中体验无止境的孤独感，而独自生活的人，内在也会分裂为两个人的世界。

第五章

父亲与儿子

1. 父权的丧失

A先生是一位中型企业的社长，大学毕业后就职于某大公司，因与上司发生争执而离职，之后成功创业，创建了现在的公司。当然他也是一位独裁社长。A先生的口头禅是"自力更生"，他相信只要努力自然会被好运眷顾，他曾公开宣称，并非儿子才能继承他的公司，而是努力奋斗的人才有资格。如果儿子努力想要成为称职的后继者，当然皆大欢喜，不过他不会只因儿子的身份，就对他采取特殊照顾。

他是独裁社长，事务繁忙，没有时间顾及家庭，但儿子和女儿都很好地长大了，成绩也十分优异。A社长之所以敢在公司员工面前，不断地发表关于继承事业的大胆言论，因为他内心相信儿子会为此努力。A 先生喝醉时，喜欢讲他年轻时从公司辞职自力更生的故事，在家也经常重复这些话。A 先生的"奋斗主义"不仅影响着公司，也渗透到了家庭中。孩子们卖力地学习，虽然儿子重读了一年，但顺利地考入了 A 先生期待的大学。

不过重读后再次准备考试时，他曾与儿子发生过争执。儿子表示并不想去父亲期望的法学部或者经济学部，而想考文学部，原因是目前的统计表明文学部更容易考。A 先生勃然大怒，儿子的行为与他的"奋斗主义"出现了冲突。迫于父权的压力，儿子最终选择了法学部，并且成功地考上了，家人非常高兴，A 先生也很欣慰，因为儿子正往他期待的方向前进。然而不久后出现了转折，情况急剧恶化。儿子读小说，沉迷于音乐，几乎不学习。妻子如实相告时，A 先生虽略有担忧，但他认为大学本就无需特别努力学习，没有放在心上。两年后，当

A先生得知儿子几乎没有得到任何学分时，终于大发雷霆，可这一次儿子并没有认输。他坚称要转到文学部研究文学，如果父亲不同意就离家出走。他向父亲控诉："你不是经常说不一定要我来继承事业吗"，所以他要做自己喜欢的事情。A先生不仅感受到了儿子决心，还发现妻子和女儿都支持儿子，只有自己像外人一样被排挤，他十分震惊，胸中纵有千言万语却道不出口，只怒吼一句"随你便"。

儿子换到了文学部后，这个家庭看似一如往常，但对于A先生来说，变化却是翻天覆地。他曾认为不论在公司还是在家他都是一把手，但如今家中有女王、王子和公主，而自己却好像变成了侍奉大家的奴隶。这种想法在他脑中挥之不去。父亲的权力也消失得无影无踪。看电视时，儿子对他说"你这老头子就喜欢看低俗的节目"，"父亲"的称呼不知何时变成了"老头子"，他一边觉得很恼火，却还是关上了电视。家人的排挤让他万分委屈，他开始到处喝酒，然而回家时站在家门口，却像在外放荡了一天的儿子一样，只能悄悄地从后门进去。无论他如何在心中呐喊"我才是这个家的主人"，都无济于事。

我已经用很多篇幅来讲这个故事了，A 先生最值得反思的是，他应该从小就对孩子说"不管你是否努力，不管你做什么，我都会让你继承公司"。就是因为他总是说逞强的话才导致现在的局面，如今，他的脸上已经看不到任何"奋斗主义"的痕迹了。

2. 俄狄浦斯和日本人

上面这个父权丧失的故事，在日本随处可见，并不是什么稀奇的事情。最近，还有一些父亲对高中生儿子的"下跪道歉""穿着衣服泡澡"的命令言听计从。但多数情况是，在对父亲发起如此激烈的攻击之前，孩子都会先反抗母亲，对父亲的反抗则是对母亲反抗的升级。

儿子对父亲的攻击，用精神分析术语解释的话，被称作俄狄浦斯情结。最近大家都意识到了父权或者父性的丧失，论述这个问题的人越来越多，不只是精神分析专家，育儿或者家庭问题评论家也提及了这个词。但在考察当今日本父与子的问题时，我对这个词抱有多大的意义心存疑问。

关于俄狄浦斯情结，我想多数人都有所了解，这里不再赘述。俄狄浦斯王无意中杀了生父，娶母为妻。弗洛伊德用这个希腊悲剧人物的名字命名了俄狄浦斯情结。弗洛伊德认为这种情结意义重大，关乎于人类的根本。

据弗洛伊德称，俄狄浦斯情结是指，4—6岁的男童会对母亲萌生性欲，把父亲当作情敌来嫉妒，甚至希望父亲死掉。然而另一方面，他还爱着父亲，为自己的敌意感到痛苦，害怕受到被阉割的惩罚。

未来，男孩会被父亲同化，走上与父亲相同的道路，逐渐被社会接纳，但上述情感会变成"情结"存留在潜意识里，一段时间内保持沉寂，到了青春期时开始活动，未消解的情感通过各种行为呈现出来。

这种模式某种程度上符合每个日本人。但在考察日本人的整体心性时，我在第二章已有提及，日本人仍以弗洛伊德提出的俄狄浦斯期前的母子关系状态来养育孩子。在切断母子一体感、让孩子感知他人存在的父性原理还没怎么发挥作用的情况下，孩子就长大成人了。

如果用西方话语解释父亲和母亲的作用，那么母亲代表自然，父亲代表文化。父亲存在的意义在于否定母子一体的自然状态，人类独有的文化也是从这里开始的。不过这归根到底是西方的事情，日本文化的特点是不与自然对立、而是与之共存。父亲确实承担了让孩子习得社会生存所遵从的规则的职能，但这些规则都是基于母性原理的。因此，用精神分析理论考察日本人的心性时，俄狄浦斯期之前的理论更加适合。

3. 父性

在这里，比起弗洛伊德，我想用荣格的理论来论述父亲与儿子之间的问题。弗洛伊德理论对于十九世纪末的西方文化也许是合适的，但荣格的理论更适合日本与西方的比较。接下来，我们依据荣格理论考察一下非个体的、而是普遍存在于人类内心深处的父亲原型。

在我们潜意识的深处，不仅有母亲原型的存在，也有父亲原型。不过日本是母性很强的国家，父性的存在似乎很难被意识到。在孩子离开母亲寻求自立时，父性教会他们自立所需的规则。而儿子们虽会反抗父亲，但最终被父亲同化，成为社会的一员。这时，父亲肩负着推进社会文化和传统的职责，儿子们感受到了文化和社会是建立在父性规则之上的，并因此遵守，也就是说他在自己父亲身上看到了父性的威严。

但是真正具有创造性的人，能体会到作为个体的父亲和父性的区别。父性教会人们生存所必要的规则和法规，而创造性的人感知到的却是与传统、古老的法规不同的东西。这时，儿子就成了英雄，以父性为支撑，成功地完成了"弑父"。当然，父亲也会以旧传统为背景，试图压制儿子，儿子可能遭遇失败，又或者正是通过这种压制，儿子逐渐被历练成为英雄。

我们来考察一下最初提到的 A 先生的案例。儿子按照父亲规定的路线逐渐长大，也拥有了一些"英雄"的气质，他想要反抗父亲，创造新的规则。可父亲是个十分努力的人，收入也不少，所以他对"反抗"产生了惰性，选择了一种浪费的生活方式。

遗憾的是，他并没有明确地找到可以引导自己的、教他如何与传统父亲抗争的父性，这也是必然的，因为"弑父"之前他应该先"弑母"。但是他无论如何都想从母亲那里得到帮助，于是选择了矛盾的生活方式：不断责难父亲却又大肆挥霍父亲的钱。而这位父亲也没能以父性的尊严为赌注，打败反抗的儿子，并期待他成长为更强壮的人重新站立起来。无论反抗者还是被反抗者，都被包裹在母性之中，无法进行彻底的战斗。

4. "天的父亲"和"土的父亲" ①

不少人在质疑"现代日本父性很弱"时，都会

---

① "天的父亲"指的是发挥"天"一样作用的父亲，而"土的父亲"指的是发挥"大地"一样作用的父亲。在这里"天"象征精神，"大地"则象征身体。——译者注

强调过去的父亲是很强大的。以此为依据，复古的家庭论和育儿观正逐渐变得流行起来。但是，过去的父亲真的很强大吗？对此，我们可以如下这般思考。"父亲"包含"天的父亲"和"土的父亲"两个方面。在象征层面，前者连接精神，后者连接身体。从肯定的视角来说，"土的父亲"是强有力的、温暖的、给予生命力的存在，从否定的视角来说，也拥有可夺去生命的可怕力量。对此，"天的父亲"的肯定一面是，赋予人类生存下去的法则，承诺光辉的未来，否定的一面则是若有一丝不尊重这个法则，就会做出惩罚。从这个分类来看，日本的父性中，"土的父亲"的要素更强，"天的父亲"的要素非常少。而且，"土的父亲"存在于"土的太母"的领域，无论如何都会受到母性原理的影响。有时甚至让人感到"土的父亲"只不过是太母的跟从者罢了。

有一位父亲因儿子不良行为不断升级来我这里

咨询。与他见面之前，我了解到他对儿子的话言听计从，给他买汽车，还允许他在外过夜，这些事实让我在头脑中勾勒出一副软弱的父亲形象。但他本人威风凛凛，还参加过第二次世界大战。我推测他是服侍太母的"土"一般的父亲，如此一来，我们就可以理解在他身上巧妙共存的强与弱。

在母性原理主导下，"大家"都冲锋，所以他也非常勇敢。同样地，当他的儿子主张哪怕是高中生，"大家"在这个阶段都有汽车或"大家"都在外过夜时，他也轻易地同意了。他无法行使"天的父亲"的职能对儿子说"不可以"。

如今的年轻人，他们的潜意识里萌生了寻求"天的父亲"的倾向。这一点在第二章的"父性的入侵"一节中有简单提到。孩子们并没有清楚地意识到自己渴求的到底是什么，但为了唤醒"父亲"，他们的言谈举止变得很疯狂。虽说如此，拿家庭暴力的例子来说——其他的情形也一样——孩子提出了类似"跪下磕头一百次""穿着衣服进浴缸"的难题，只不过是沿袭了日本军队锻炼"土的父亲"时最擅长的方式而已，因为他们并不知道如何唤醒"天的父亲"，当然，被呼唤的大人们也同样一无所知。

5. 现代的父亲

这个时代是父亲受难的时代。也许人们知道只有少数的创造性英雄才能成功"弑父"，所以人类一直采用世袭制度这种便利的方式，父亲的地位也因此很稳固。对于儿子来说，父亲们拥有压倒性的优势，儿子也会被父亲同化。但是，为了追求"自由"，我们正在逐渐放弃这种制度（在欧洲，世袭的观念比我们想像得还要顽固）。而且，随着文化和制度的飞快变化，承担传统和规则的父亲职能正急速地变弱。即便是子承父业，因快速的技术革新，儿子掌握的知识也很快就超过了父亲，世袭制度在现代社会已然不合时宜了。

因此，对于拥戴"天的父亲"的欧洲来说，最大的问题是，他们必须认识到"天的父亲"的律法已经无法在全世界通用。他们曾认为只有他们父亲的教导才是唯一正确的，是可以拯救世界的，但如今持这种观点的欧美人也为数不多了。西方的父亲，以"天的父亲"为支撑，这个基础正在逐渐动摇。

对日本人来说，问题更加复杂。我们批判日本母性过强，主张应该像西方一样，推崇强大的父性，然而实际上，西方已经对"天的父亲"的主导地位产生了强烈的质疑。上述内容看似脱离了家庭关系的话题，但我认为，如果不把思考的广度扩展至此，就无法理解当代父亲面临的生存困境。

6. 父与子的和解

最近，电视上重播了意大利电影《偷自行车的人》，这是一部描述父子情感的经典作品。被偷了自行车的父亲和儿子，在街上四处寻找偷车贼，好不容易看到了小偷的身影，却让小偷逃走了，年幼的儿子因责怪父亲"都是你粗心"而挨了父亲的打，一气之下不再和父亲讲话。失去了自行车，一家人就无法生活下去，走投无路的父亲决定偷一辆自行车，却被现场抓住。而本该先行离开的儿子看到父亲颜面尽失的一幕，跑回到父亲身边，向获得了车主原谅，却尊严扫地、痛哭流涕的父亲伸出了自己的手。在电影的最后场景中，父子二人紧握着对方的手走进了茫茫人海。

二战结束后，世界各国的不良少年都增加了，但作为战败国的意大利却没怎么增加。感到不可思议的美国派出了专家组成的调查团。他们得出的结论是因为在意大利"父亲的权威"仍然被保留。而在这样的意大利，这部《偷自行车的人》的上映有着不同寻常的意义。

父亲因愤怒而动手打了儿子，这种"土的父亲"的强势，不论孩子多小，都会引起他们的反抗。而这时，"天的父亲"帮助了他们。影片淋漓尽致地刻画了这位谨慎又正直的父亲不断遭遇无理的事情而逐渐被逼到绝路的过程。我不禁觉得这个孩子代表了意大利，而这个弱小的父亲则是"天的父亲"，或者也可以称之为基督教徒当时心中人类与神的关系。

"父亲"没有找到解决办法。救赎没有降临在正直的人身上，对于软弱的父亲来说，唯一的办法就是自己成为小偷，此刻为止都在憎恶偷车贼的他，决心成为他们的同类。对此，我们不应该从是否犯罪的层面来看待这个问题，被逼到绝境的人是否把自己存在的全部当成赌注来行动，这才是我们应该试着理解的角度。

对于把自己的全部当成赌注的父亲，不论看起来多么可悲，孩子还是伸出了自己的手。我想这部电影的主题也许是基督教徒同室操戈时，默默注视一切的"天的父亲"如何与人类和解的。泪流满面、尊严扫地、被儿子解救的"父亲"，深刻地呈现了现代父亲的形象。最终，父亲与儿子达成了和解。但他已经不是天上的、让人们恪守普遍戒律的父亲，因为他自身打破了戒律。

现代的父亲开始怀念过去，想要恢复"土的父亲"的威猛，可只会被孩子们不留情面地拒绝吧。当然，在日本，"土的父亲"的传统仍然存在，对于那些一直以来就是"土的父亲"的人没什么问题，然而有些人想要临阵磨枪显然是行不通的。恢复父亲的愤怒，不应该依靠外部，而是要从自己存在的根本之处找寻，否则就不会有任何效果。不过就算放弃了"土的父亲"，日本人也很难作为"天的父亲"的代言者来管理孩子吧。因为在日本听到"天的父亲"的声音是件很困难的事，即使在欧洲，"天的父亲"也往往会对自己的错误感到羞耻或是闭口不言。那么，我们的父亲，作为完全不值得信赖的存在，除了把自己的全部当成赌注来面对孩子，也别无他法了。只有这样孩子才会伸出自己的手。但我们也要做好心理准备，因为这种情况往往都会让人难堪。

第六章

母亲与女儿

1. 青春期厌食症

一位母亲带着初中二年级的女儿来咨询。女儿瘦得几乎要用皮包骨来形容，站着都让人觉得心痛。从母女的衣着和言谈举止可推测她们来自一个富裕且有教养的家庭。女儿虽瘦，但样貌仍然很美。母亲称，女儿之前是一个无可挑剔的孩子，但到了初二，看着自己的照片说："我讨厌这么胖"，然后就开始节食。那张照片无论谁看了都不会觉得胖，她本人的身材甚至远高于一般标准。母亲劝她不要做节食这样愚蠢的事情，但她完全听不进去。一直以来对母亲言听计从的女儿非常固执地认为自己"很胖很丑"，不接受母亲的任何意见。渐渐地，她变得什么也不吃，勉强吃一点马上就吐出来。不久之后月经也停了，母亲以为女儿身体出了问题，打算带她去医院，被女儿拒绝了，所以就带着她来到我这里。

这是青春期厌食症的症状，一种最近在西方国家人数不断增加的神经官能症。在日本，虽然从数量上来看还比较少，但作为临床医生，我感到这样的患者越来越多。男性患者也有，但特点是女性较多。不吃任何食物、即使瘦得只剩皮包骨本人也相信这样很好；除此之外，还有人勉强运动；一般多是很努力的人；一些人对做饭有兴趣，为家人做好饭菜后看着家人吃，自己却不吃一口。如果放任不管，可能会发生饿死的情况，最好的方法是接受医学和心理两方面的治疗。

我的目的并不是论述青春期厌食症，所以点到为止，让我们回到最初的案例上。这位母亲说，孩子的父亲和她都是社会地位较高的人，对孩子的教育很用心。她在工作上十分活跃，同时也努力地与孩子接触、建立联结。父母二人都很成功，但若要二者之中选一个，则母亲更能干，父亲位居其后。至此，我没有发现任何问题，女儿虽不太说话，但也没感到她对家庭有何怨言。

在谈话持续的过程中，我觉察到这位母亲和我在第三章《亲子关系》中陈述的一样，过于缺乏"土的味道"。对此，我希望大家不要从道德的视角来评判，比如"造成这样的后果还不是因为她上班""抛弃孩子的冷漠母亲"。而我想说这其实是命中注定。在前一章中，我采用了"天的父亲""土的父亲"这样的说法，对母亲也同样适用。这位母亲缺少"土的母亲"的要素。这种情况下，女儿到了青春期，身体开始发生变化时，无意识地对"母亲＝土＝肉体"的模式产生了强烈的厌恶和恐惧。她在否定"土的母性"，否定自己的肉体甚至生命。

这件事可以按照下面的方式理解。无论男孩女孩，与母亲的联结都是最重要的。而且，这种联结甚至可以被认为是动物性的，存在于我们无意识的深处。这个案例中的女儿之前之所以能正常地成长，表明了母亲与她之间存在着某种程度的联结。不过到了青春期这个艰难的时期，女儿在食物摄取这个人类最根本的层面上，想要再次确认与母亲的联结，虽然她采用了消极的方式，但其实是在向母亲发问。为了回应这样的追问，母女二人都需要在治疗者的帮助下付出持续的努力，其中的艰辛程度远远地超越了普通人所认为的"母亲对女儿好一点就可以了"。

当然，上面的思考并非适用于青春期厌食症的一切情况，我之所以选择这个案例是为了说明母亲与女儿结合的重要性。

2. 母亲与女儿的结合

日本的文化模式中，关注心理层面时，大都以母亲与儿子的结合为基础来思考。不过，母亲与女儿的结合，我用了"动物性"这个词来表述，才是最接近自然、最古老的。儿子无论多么重视与母亲的联结，他总会在某些地方意识到母亲是与自己不同的存在。儿子无法被母亲同化，但是女儿却可以成为母亲。当母亲和女儿的结合过于强大时，人们甚至无法意识到她们的不同。于是，个体的母亲和女儿都将消弭，留下来的只有"母亲"这种伟大、亘古不变的存在。这种情况下，男性的存在几乎没有任何意义，只是在永恒存在的"母亲"之上，虚无地重复着生老病死的轮回而已。

一位中年男性是酒精中毒者，还挥霍无度，几乎堕落到无可救药的地步。他年轻时对工作满怀热情，也非常关注孩子的成长，一直以来都是人们眼中的好父亲和好丈夫，但是慢慢地酒越喝越多，开始走下坡路。每次犯错时，他都会反省，发誓要重新振作，却总以失败告终。他是上门女婿，入赘到只有丈母娘和妻子两人的家中，有人认为他在家中没有自由才导致今日的悲惨境况，然而实际情况恰恰相反。他在家中完全为所欲为，而妻子和丈母娘则天天心惊胆战。她们两位都是温顺的女性，从不任意摆布丈夫，也不会对他颐指气使。

丈夫也承认自己是非常被"眷顾"的，但另一方面又感受到莫名的焦虑，于是酗酒或挥霍。原因就在于，这个家庭中，母亲和女儿的无意识的结合过于强大，生活在母女联结如此强大的世界中，他感到自己个性的存在受到了威胁。就如同在亘古不变的大地上萌芽生长、最终枯萎的草一样，即便有相应的变化，跟不变的大地相比，这些变化几乎等同于零。最初，他对自己被看中并且成功入赘感到自豪，工作上也十分卖力，但不知从何时起，他的自我越来越暗淡，为了重新做回自己，他开始肆意妄为。然而，家中的女性对此没有任何反抗，他只好不断地升级自己的行为，却愈发感到空虚。若想从自身找出与强大母女结合对抗的个性，需要一个人付出相当大的努力，只靠酗酒和挥霍显然是无法做到的。

打破母女结合需要的强大力量，在神话层面，被雅典神话中哈迪斯抢夺珀尔塞福涅的故事如实地呈现出来了。

大地女神德墨忒尔的女儿珀尔塞福涅在原野摘花时被突然从地下出现的冥界之王哈迪斯劫走。失去爱女的德墨忒尔一声悲叹，所有的植物因此凋零。此后，德墨忒尔踏上了寻女之路，最终在希腊众神之王宙斯的斡旋下，与哈迪斯达成了和解。整个神话毫无保留地呈现了母女结合的文化中男性入侵的全部过程。这里无法详述，但我想强调的是，像粗暴的哈迪斯抢夺少女珀尔塞福涅一般，打破母女联结所需要的力量是非常猛烈和可怕的。

如果把关注放到女性内部，那么为了切断与母亲的联结，女儿必须在内心世界接受哈迪斯的入侵。这时，女儿会对一直以来敬爱的母亲抱有不明原因的攻击性情感。青春期的女儿突然不再和母亲说话，总是挑母亲毛病，也是这个原因。经过这段时期后，女儿便接受了"母性"，进而走进婚姻生活。不过母女之间存在的消极因素日后会在婆媳关系之中再次显现。

3. 儿媳妇和婆婆

世间并不存在绝对的好与恶，仔细观察就会发现，任何事物都有积极的一面和消极的一面。当其中一方得到普遍重视时，另一方就会变换形式隐藏起来继续存活。日本自古以来就特别重视母性的积极一面，忽视了母女之间应有的对母性消极一面的体验，结果，这消极的一面只能在婆媳之间以扭曲的方式显露。

婆媳、以及存在于两人中间的丈夫，他们的关系并非是三角关系。也就是说，他们之间的相互关系无法用直线来表示，而是依据母性原理分别把自己作为圆的中心，包含或不包含的关系。儿媳妇想把丈夫放进自己的圆中，但并不想把婆婆放进去。而婆婆也想把儿子放进自己的圆中，却不愿把儿媳妇放进去。只要这两个圆没有擦出火花，儿子不论踏入哪个圆都可以和谐地生活。如果这是直线关系，那么通过采取调整自己和他人之间的直线长度等方式，某种程度上能够创造出共存的关系。可一旦形成了放进还是不放进圆里的关系时，共存就变得十分困难。

有一位女性，得到了男方和男方父母的喜爱，婚姻看起来十分圆满。丈夫的父母也是值得尊敬的人，让她很欣慰。在外人眼中，她与婆婆的关系甚是和谐。但结婚半年后，她开始被严重的偏头痛困扰。医生认为是心理问题，建议她去找心理治疗师。她的婚姻生活平和无忧，与丈夫的家人也相处融洽，不过经过长时间的谈话后，我发现婆婆并没有把她放进自己的"圆"中，而她也是如此。只是这两位女性很聪明，并没有让其他人发现她们正在有意识或无意识地暗自斗争。儿媳妇一边半无意识地做着这样的事，一边对他人宣称"有一个好婆婆真幸福"，试图来说服自己，但她的身体却无法忍受欺骗，以头痛的方式发出了警告。

在日本，随着夫妻独居及思考方式的现代化，婆媳问题看起来好像很大程度得到了缓解。从前欺负儿媳妇的不合常理的现象确实日益减少（虽然即便在当今社会，我们心理咨询师在城市和知识分子阶层也见过不少让人震惊的案例），但并不能就此认为婆媳问题已经消解、或者只把它当成过去的问题，从刚讲过的心理层面上来说，这也许是永远存在的问题。

在父性原理强大的美国社会，婆媳问题确实不常见。但耐人寻味的是，对"妻子的母亲"感到棘手的的男性却非常多。在日本，提到婆媳时，人们都会在脑海中浮现某种固定印象；在美国，男性们提到"妻子的母亲"时也会涌起一种共同的感受：那就是"敌不过她的支配力量"。试图吞噬、捆绑一切的母性的消极一面，在美国兜兜转转后以这种形式显现出来。

4. 圆形心理

儿媳妇与婆婆的问题是永恒的，正因为如此，对女性来说无法避免更值得去面对，除了从正面着手解决别无他法。

人类思考时喜欢依赖直线型理论，若用直线型理论，那么婆媳问题看起来十分愚蠢。有趣的是，现在的婆婆和儿媳妇在责难对方时，用的都是这种直线型理论。因为最近出现了被儿媳妇欺负的婆婆，我们得以听到两方阵营的愤怒和哀叹，不过两方如出一辙。比如，婆婆带着礼物来看望年轻的夫妇，"我带来了让你丈夫开心的东西，如果你爱丈夫，也一定会一起开心吧"，但儿媳妇却不领情，婆婆感到很讶异，这就是直线型理论。

事实上儿媳妇对进入到自己圆中的人产生了愤怒。婆婆对儿媳妇也会出现同样的情况。这时，不要急于攻击对方，重要的是觉察到自己的行为并非依照直线型理论，而是被圆形心理所驱动的。

察觉自己的内心活动是极其辛苦的，这意味着无法依靠指责对方来解决问题，挑战这个难题的女性，需要面临的课题是至少不把自己放在圆的中心，或把圆的轮廓无限扩大，我认为这个课题的本质是宗教性的，但这里的宗教性并不意味着依赖于既成宗教，而是某种必要的"超越自我"的体验。

曾经有一位婆婆前来咨询，她袒露自己无论如何都无法喜欢儿媳妇。我对她说，有一句谚语是"被牛牵引参拜善光寺"①，而她家的媳妇就是那头牛。与儿媳的纠葛让她疲惫不堪，她屡次寻问有没有好的解决方法，我告诉她并没有，然后不断鼓励她直面问题。正是经历了这些痛苦，她才加深了对死亡及衰老的宗教性的理解。

5. 根源之处的母女结合

一些人对深植于日本文化根基的母与子的关系

---

① 在他人无意的引导下，人和事向着意想不到的好的方向发展。——译者注

抱有怀疑态度，试图打破这种模式，这时，自立的意识就会被唤醒。不过日本母性的优势地位并不会轻易坍塌，所以，很多人一边寻求自立，一边又退回到母与女的模式中。在第四章中，我讲到了一位女士为了自立与婆婆斗争，她厌恶婆婆与儿子的强大结合，但最终自己却逃回了母女结合的世界，这就是典型的例子。

　　女儿与母亲同性，容易被母亲同化，但消极的一面是常常活在母亲的阴影之下。一位女初中生拒绝上学，并开始对母亲实施暴力，虽是中学生，她体格健壮，真动起手来母亲也承受不了。母亲向父亲控诉，一直采取事不关己态度的父亲，也斥责了女儿，女儿非但没有认输，反而冲向了父亲，结果父女打作一团。不知如何是好的父母带着女儿来找专家咨询，可是女儿的暴力并没有就此停止。就在父母二人束手无策时，母亲却在咨询过程中发现一个事实：女儿对父亲的所作所为，实际上正是她想对丈夫做的。

母亲认为服从丈夫才是重要的，隐忍内心需求，一心为丈夫服务，在她看来，这就是女人的生存方式。然而隐藏在她潜意识里的东西却不知不觉地被女儿接收了。话虽如此，女儿并非有意识地成为母亲的代言，她仅是感到莫名不安，想对无法缓解她情绪的父母发火。母亲意识到这一点后，在女儿力量的推动下，开始与父亲对话，虽然多数情况都变成了争吵，但在持续的过程中，女儿的暴力完全消失了。当母亲自己扛起了一直以来让女儿肩负的重荷时，问题便解决了。为了让母亲成长，女儿的暴力行为承担了导火索的作用。

母与女的结合是最自然也是最根本的，人类从这里脱离出来构建特有的文化时，才出现了目前为止我们讲述的母与子、父与子的模式。而为了维系这些模式，宗教和社会制度也诞生了。不过像当今这般伦理观出现混乱时，最根本的母女结合的模式就会在意想不到的地方显露，发挥强有力的作用。

从这个角度来看，过去没有儿子的父母一直为没有继承者而感慨，如今没有女儿的父母，尤其是母亲，年迈之后该为没有女儿而哀叹了吧。如上所述，即使女儿会出现一段时间的反抗，但母女关系作为最自然的、无论如何都切割不断的关系，为二人提供了安居之所。因此，没有女儿的父母，特别在曾经的母子模式制约变弱的情况下，为了安宁地迎接衰老与死亡，需要做好充分的心理准备，也需要付出相当大的努力。

最后，我想强调一点，在母性强大的日本，母女结合的心理状态多数情况下也适用于男性。男性社会也经常出现婆媳关系之类的问题，我想大家并不陌生。

第七章

父亲与女儿

1. 苦于呕吐的少女

　　最近，一起来为孩子问题咨询的夫妻越来越多了。但早在很久以前，就曾有一对夫妻一同来为三年级的女儿咨询。一般来说，咨询中都是母亲讲得较多，父亲则在一旁附和，不过当时，那位父亲非常热心地陈述，看起来十分关心女儿。女儿不喜欢学校的配餐，被迫吃了一次之后就开始不明原因地呕吐。父亲是小学老师，说话很有分寸，但还能感到他对强迫女儿吃饭的班主任怀有强烈不满。与父亲竭尽全力的态度相比，坐在一旁的母亲好像事不关己。仔细观察，可以看出父亲很朴实，母亲却很华丽，和女儿的感觉很像。而女儿穿着与母亲风格相似的华丽衣服，也许是因为呕吐不止，她情绪低沉，表情阴暗，总让人莫名感觉不对劲。

在与他们持续见面的过程中，我了解到父亲特别疼爱这个长女，女儿尚小时就为她会识字、写字这些成长的点滴而高兴，上小学后女儿成绩优异，也让他甚是欣慰。而母亲则认为孩子慢慢地、开朗地成长就好，所以更喜欢小学一年级的弟弟，他虽然成绩一般，但很招人喜欢。于是家庭两极分化，形成了父亲与女儿、母亲与儿子的两对，思考方式也是对立的。如今，不少家庭都养育两个孩子，家庭内部也存在分化倾向，但他们家尤其严重。

随着谈话的深入，我逐渐了解到他们家庭关系的深层机制。事实上，这个母亲就是个受父亲疼爱的女儿，她极力主张，和丈夫相比，自己的父亲多么优秀。她父亲是企业家，做事果断。父亲也很喜欢她，经常带着她四处游玩，给她买贵重的礼物。

偶尔有人前来提亲，父亲就变得十分挑剔，若亲事没谈妥，心情就会好转。不久，她便错过了适婚年龄，也听到了一些来自周遭的对父亲的责难。父亲对她说："婚姻就是一种妥协，哪怕对方没有过人的长处，说得过去就可以了"，并劝说她与现在的丈夫结婚。由于当时她年纪较大，选择余地不多，男方家庭的经济条件也不及女方。决定结婚时，父亲说："你在我身边净享福了，现在开始吃点苦头也是好事。"但还没忘记追加一句："太辛苦的话，任何时候都可以回来。"

2. 父亲与女儿结合的消解

了解到这些细节后，我们就能清楚地看到，女儿在没有打破与自己父亲结合的情况下结婚了，结果第二代父与女的结合又产生了。家庭中发生的很多问题都是从上一代沿袭过来的。她觉得父亲比丈夫优秀，但并没有责怪促成她婚姻的父亲，于是我问她，"那么你为什么不离婚回到父亲身边呢？"这其实正满足了父亲私下的期望。对此，她回答道，她如今从丈夫身上感受到了新的魅力，她开始认为"男子气概"不只意味着父亲那般讲究排场、做事果断，而是像丈夫一样持之以恒地坚持做朴实的工作。

话到这里，我觉得她女儿呕吐的谜底已经揭开了。延续至第二代（说不定还会持续）的父女结合到了要发生变革的时刻了。这时，小学三年级的小革命家燃起了狼烟，向其他人宣布：历史的重复让她想要"呕吐"。以女儿的呕吐为契机，母亲消解了与自己父亲的联结，至此真正地完成了与丈夫的结合，这个家庭的两极分化也画上了休止符。

我们试着推测下这位母亲结婚时她父亲的心态，就能发现一些有趣之处。父亲之所以觉得为了女儿的幸福必须让她在婚姻上作出一些妥协，其实是潜意识里希望她对婚姻不满意从而回到自己身边。然而现实中，也许是一种超越的"父性"起了作用，父亲和女儿最终选择了最适合让自己成长的人，这让我常常感到婚姻中有一种远超当事人意图的"选择的意志"在发挥着作用。

3. 须佐之男的愤怒

上面的案例告诉我们，父亲与女儿的结合过于强大会导致很多问题。弗洛伊德关注母亲与儿子的关系，强调俄狄浦斯情结的存在，而父亲与女儿的情况则被称作厄勒克特拉情结（恋父情结）。厄勒克特拉是希腊的悲剧女主人公，因爱父亲而杀害了自己的母亲。在第五章中，我提到俄狄浦斯情结对日本人来说没有太大的意义，此处也同样，我讲过的案例已经表明，即使父与女的结合在日本也很强大，但其存在方式并不是精神分析学者所说的父亲—母亲—女儿的三角关系，父亲与女儿结合的背后总是有着某种母性，因此女儿因为爱父亲而"弑母"的可怕情形并不会出现。

日本的神话中，大国主与须佐之男的女儿须势理毗卖结婚的故事，非常恰当地呈现了父与女结合的姿态。大国主来到了须佐之男生活的根之坚州国，在那里他遇到了须势理毗卖，两个人很快坠入了爱河，但须佐之男不断给年轻的大国主出难题，大国主几次险些丧命，每次都是依靠须势理毗卖才摆脱了困境，两个人最终决定趁着须佐之男睡觉时偷了他的财宝，携手逃走了，醒来后的须佐之男去追赶他们，却突然对已经穿越黄泉比良坂逃走的两人抛出了祝福，希望他们顺利回到大国主的国家，并好好治理那片土地。

对于女儿的恋人，须佐之男的态度突然发生了转变，很多日本父亲恐怕都对这一点有所共鸣。从敌意转化为友情，这个过程没有任何铺垫而是突然发生，反而更让人感动，芥川龙之介或许也曾被这个故事触动，以此为原型创作了短篇小说《老年的须佐之男》，我希望女儿们一定要在结婚前读读这篇小说，我想让她们知道无论自己选择了多么优秀的男性，须佐之男的愤怒都不会消失。《父亲》（河出书房新社刊）这本书中描述了各异的亲子关系，非常有趣，我想引用其中一篇宇野重吉的《女儿·志野的结婚》来讲一下。

文中描述了父亲在女儿志野结婚前内心的波动，对父女关系刻画得淋漓尽致，在此我省略这部分只介绍其中一个故事。临近婚礼前的某一天，宇野重吉因为一些事情严厉地指责了他的妻子，第二天早上，重吉走进自己工作的房间，发现了女儿志野写给他的信，信中志野为母亲进行了辩护，并希望父亲好好对待母亲。

读完信的重吉走进院里喂金鱼。

　　我抬起头，看见她站在旁边抿嘴笑，"抿嘴"是她独有的特点，我立刻就什么都懂了。

　　她说"看到信了吧。"

　　我回答"嗯。"

　　"读了？"

　　"嗯。"

　　"你以为是遗书吧？"

　　我忍不住笑了起来，"你写遗书干嘛？！"

　　她和我一起笑了。①

　　这是多么让人赞叹的亲子关系啊，当然也是日本特色的关系。虽然没有须佐之男一般的激烈变化，但女儿的"抿嘴笑"说明了一切，已经无需言

————————
① 此段是《女儿·志野的结婚》的原文引用。——译者注

语的表达。而且，"玩笑"真是个了不起的东西，女儿口中的"遗书"这个词，让父亲和女儿都不由自主地笑了出来，两人的心灵因此更加靠近。"遗书"的出现有着深刻的含义，我在第四章讲过，结婚意味着少女的死亡，所以自古以来婚礼就和葬礼有很多相似之处。

结婚时必须切断父亲与女儿的结合，但这种结合在日本并没有被彻底切断。母性总在某处起着作用，在超越言语的空间存在着。不论宇野重吉演西方的话剧演得多么出色，只要他是日本人，家庭中就不会出现"厄勒克特拉"。

4. 父亲的女儿

所有男性心中都存在一个"永远的女性"的画像，他们把内心的女性形象投射在外部现实世界的女性身上，于是就出现了各种关系。而所有的女性心中也存在着一个男性的形象。一般来说，内心的异性形象都以自己的父母为原型。对女儿来说，父亲就是心中男性形象的原型，在日后的人生经历中，她不断完善这个形象，并最终找出与之相应的男性步入婚姻。

另外，父亲也会把内心的异性形象投射在女儿身上。在日本，内心的异性投射好像极少发生于夫妻之间，当然恋爱中或新婚时会有这种情况，不过很快就消失殆尽。随后，男性一般专注于工作，而女性则投入到育儿生活中。有时，内在的异性问题会以"出轨"这种扭曲的方式出现，但我认为并没有像在西方那样有着特别重大的意义。

对于一位男性来说，若无法将心中的异性形象投射到妻子或者其他女性身上，就常常会把目光对准女儿，特别是在日本，把深切的亲子之爱当作美德，此种情形就更容易发生（与西方不同，日本人与异性的人际交往机会较少，也加剧了该趋势）。而女儿一方则以父亲的形象为原型来构建自己心中的男人形象。这些情况某种程度是正常的，也是人们所期望的，但两者的结合过于紧密时，女儿就很难走进婚姻，或像刚开始的案例那样，结婚后也会痛苦不堪。

母亲与女儿的结合即使坚固，却很少成为婚姻的阻力，因为大家都明白哪怕结婚也无法动摇两者的结合，所以婚姻更容易被接纳，而受苦的是被选中的男性。但父与女的结合过于紧密，特别是这位父亲同时承担母亲的角色时，结婚就会变得异常艰难。也就是说，母亲缺乏母性，母女结合微弱，父亲无意识地扮演了母亲的角色，那么父亲与女儿的关系将变得极其深厚，两者很难分离。

也有不少女性，一边与父亲有着深厚的牵绊，但同时又强烈渴望切断这种联结寻求其他男人，她在两种力量之间挣扎，最终失去了判断，对任何男人都以身相许；或者即使情况不及这般严重，有时她也会选择父亲最不喜欢的男性。

5. 两个父亲

关于结婚我已经用了不少笔墨来论述，这里需提醒大家，不论男女都有人觉得结婚并不是必要的或不结婚才是幸福的，每个人选择的人生道路不尽相同，没有必要迎合大众标准而勉强自己。据说希腊女神雅典娜身穿盔甲，叫喊着从宙斯的头部出生，这简直是典型的"父亲之女"，因为生她的是父亲，所以她不认识母亲。她既有女性的美貌又有让男人无法靠近的威严。她拥有作为侍者的男性，却没有丈夫。

对于把雅典娜当作守护神的女性来说，也许不结婚才是幸福的。在她心中，父亲的形象与宙斯相似，或者她从父亲身上看到宙斯的影子，而身为"宙斯"的女儿，凡间男子自然无法入其眼，我们在伟大艺术家的女儿身上就能发现这一点。但守护神并不是永存的，一直在雅典娜庇护下的女性一旦失去庇护就会异常痛苦，在新的守护神出现之前，她必须要经历磨难，这种磨难有时过于残酷，甚至会把她逼上死路。

然而另一方面，也有一些女性由于父亲过于懦弱或是被父亲强烈地否定，才意识到"天的父亲"的存在。一位中年女性有虔诚的信仰和幸福的家庭，有一次，她听说钱是世界上细菌最多的东西后，就开始无法忍受钱的肮脏，一想到钱可能被谁碰过就受不了，最初她会用酒精擦拭，不久后她甚至认为被拿过钱的手触碰到的东西也都是脏的。

这是一种被称为"不洁恐惧症"的神经官能症的轻微症状。在与心理咨询师交谈的过程中，她发现自己对丈夫每月拿回来的工资既怀有感恩之情又觉得肮脏，在两种情感中左右徘徊。她还进一步意识到她对以丈夫为代表的男性怀有深深的不信任感，谈话追溯到她父亲那里，虽然一直以来支撑她生活的是"天的父亲"，但作为底流流淌在她内心深处的是对不断否定她的亲生父亲的报复之心。对男性信任与不信任的挣扎，也正源自于她内心的"两个父亲"的形象，而丈夫存在于两者中间，对她来说是很难把握的存在。在与"不洁恐惧症"直面的过程中，她对人类和神有了更深入的理解。

6. 父亲·女儿的模式与日本人

目前为止我已经强调过很多次，在考察日本人的心性时，母与子的模式非常重要。在日本，社长与社员之间的关系，比起父与子，用母与子的关系模式来理解会更容易把握。特别是用父性原理和母性原理的方式思考时，我们可以清晰地看到母性原理更强大。

但在考察如何用父性去补偿母性的强大时，我们发现父亲—女儿的模式在背后发挥着作用，也就是说母亲和儿子的背后有外公的存在，外公与母亲之间，父性原理支持着母性，这与重视父亲与儿子的模式，而母亲与儿子的模式发挥补偿功能的西方完全不同。日本采用的是外公—母亲—儿子的形式，父性原理并非直接的，而是间接地作用在儿子身上。

比如，有些公司中，社长代表母亲，社员代表儿子，会长作为外公承担父性原理，这就是一个清晰地呈现外公—母亲—儿子模式的案例。这里的外公意味着存在于母性原理背后的精神，没有被人格化，以创业以来的社训等形态显现。人类既需要父性也需要母性，对于一种文化而言，当其中一方处于优势时，另一方就会采用各种形态去补偿。

把父与女的模式与日本人的精神关联起来思考时，我们发现日本人喜欢的"外柔内刚"恰好如此，也就是说，日本人理想中的模式是，对外展现女儿或母亲一般的柔软，而男性原理的威严存在其后，因为日本人不喜欢让父性原理直接发挥作用。

从这个观点来看日本的神话时，我们会发现一些有趣之处。天照大神是由父亲伊邪那岐生出来的"父亲的女儿"，虽然不及雅典娜那般惊人，但也是闪耀的存在，与弟弟须佐之男对决时，武装起来的她飒爽英姿。对日本人来说，象征我们心中强大母性原理的、至高无上的天照大神与地母神是不同的。而且耐人寻味的是，天照大神在做重大决定时，背后总少不了一个名为高木的神。高木神是高皇产神灵的神格，与神皇产灵神相对，一般来说，高皇产神灵与男性原理相关，而神皇产灵神与女性原理相关①。因此，天照大神背后有着高皇产神灵的男性神格，并以此行事。只要稍微分析下日本神话的构造，就能发现父与女的模式在理解日本人的心性上是非常重要的。

众所周知，弗洛伊德意识到了西方文化中父与子关系的重要性，并以俄狄浦斯情结为关键钥匙试图破解西方文化之谜，但日本的情况不同，我认为首先要把母与子的模式作为第一把钥匙，而父与女的模式作为第二把钥匙更为合适。

经济的急速发展加速了核心家庭化的进程，推崇西方模式的人们理所当然地认为这是进步，但就像我反复强调的，日本男性首先吸纳的是母性原理，让年轻的男性们发挥原本的父亲职能是相当困难的，这也导致家庭中的母性原理越来越强大，占

---

① 据日本《古事记》记载，高皇产灵神和神皇产灵神是天地形成后最早出现的三神之中的两个神。有些观点认为，高皇产灵神和神皇产灵神分别代表阴阳或男女。——译者注

据了父性原理发挥补偿机制的空间。曾在日本大家族制度下自然生成的许多补偿机制都已遭到破坏，因此要建立核心家庭的人需要更多的反思和觉悟，我们都知道未经深思熟虑的核心家庭化已经让不少家庭出现了悲剧。

兄弟姐妹

第八章

1. 该隐与亚伯

《圣经·旧约》的《创世纪》在第四章中讲述了该隐与亚伯的故事。亚当和夏娃生了两个孩子，该隐与亚伯，他们一人耕地一人牧羊，两人都准备了贡物，但是主看中了亚伯的供物，却没有看中该隐的供物。该隐把弟弟带到了原野中杀害了他，自己也因此受到惩罚，离开了那片土地，成为逃亡者四处漂荡。

有着同一主人的两个男人相互竞争，最后甚至想要杀掉对方，这个故事呈现了兄弟之间最本质的纠葛，"该隐情结"也由此诞生。

早在大约公元前 1300 年，埃及就记录了如今在世界各地流传的《两个兄弟》的故事。它被《格林童话》收录其中，在日本也广为人知。这个故事的核心在于兄弟二人齐心合力克服困难，虽然各地版本在内容上稍有变化，但大多都以"生命指标"为主旋律。"生命指标"指的是分开生活的兄弟二人能够通过弓箭断弦或是剑身生锈感知对方的生命正受到威胁，因"生命指标"的存在，他们可以挽救对方的生命。在对兄弟联结这一点的刻画上，《两个兄弟》则与该隐和亚伯的故事完全相反。

我在这里举了两个例子，如同神话和传说对事物本质的出色捕捉，兄弟这个存在，既让人感到分享同一生命的亲密，有时也让人感到不得不杀掉对方的敌意。即使都用"亲人"这个词来概括，但父母和孩子的情感，与同胞之间的情感，性质截然不同。

2. 痉挛症少年

一位母亲带着严重痉挛症的小学三年级的儿子来咨询。患痉挛症的人会不由自主地反复摇头、眨眼、皱眉和摇手。前来咨询的这个孩子总是晃头，父母很介意，曾强制他停下来，但不久后他就开始发出"哇"的声音，大概每隔 5 分钟就会突然叫一次，本人也非常痛苦，然而行为不受意志控制无法停止。在老师的关照下，没有同学嘲笑他，可父母不堪重负，带他来到了我这里。

我们邀请这个孩子做游戏治疗，他看起来很稳重，只是安静地玩着，根本不像个男孩子。但慢慢地适应之后，他逐渐流露出攻击性。他让在铁轨上行驶的电车突然发生冲撞或者脱轨，玩剑道游戏时也突然变得激烈，让治疗师拿小的刀具，而自己拿着大的刀具，胡乱地砍过来。通过这样的游戏，治疗师让这个孩子内心积蓄的攻击性情感释放出来，并从他的表现方式上觉察到这种情感是针对弟弟的。

另一方面，母亲也在咨询过程中忆起过往并开始反思。男孩三岁时，他的弟弟出生了，由于一些原因，父母当时没能给予他细致的关照，经常敷衍或者批评他，母亲在医院生产时，把他送去祖父母那里寄养，后来到医院探望母亲时，男孩不但没有闹脾气，甚至还想早点回去，看着他和祖母一起离开，母亲心想"真是个乖孩子"，而这里就是问题的开端。

即使很小的孩子，也会察言观色，进而压抑自己的情感。如果母亲在出院后放松了对孩子的控制，允许他比以往更加撒娇，让他拿回失去的东西，孩子也可以健康地成长。但这个案例中，母亲并没有顾及孩子的感受，出院之后控制得更加严格，那么就算孩子勉强地熬过了那个阶段，之后也会出现各种各样的状况。

表面看起来风平浪静，以此认定孩子没有任何感受，这是非常危险的，该隐与亚伯的纠葛并不会轻易消失。

3. 兄弟终成陌路人

日本与欧美国家相比更重视血缘关系，但不论怎样的血缘关系，自古以来就有"兄弟终成陌路人"的说法，指的就是兄弟最终要分开，优先考虑自己的利益。

但反过来，这个略含讽刺意味的谚语也可以正面解释为，正是有了兄弟，一个人才开始学习与他人相处。也就是说，人们通过兄弟关系练习与他人交往。的确，兄弟的存在让孩子们从小就试着学习与他人分享和合作，或者在不知不觉中学会了如何控制自己强烈的竞争心，同时也体会到与别人分享悲伤与喜悦的意义。

在孩子眼中，他与父母（特别是母亲）的世界是绝对的，一旦有他人（自己的弟妹）闯入，对他来说，就如同世界毁灭一般，总之，他必须经历世界观的重大改变。或者作为次子、次女出生的孩子，从诞生的那刻开始，就必须接纳一个事实：早在自己之前，就有人抢先进入了他与母亲的绝对结合的世界。

但接纳了不容易接纳的事情，不正是成为社会一员的必要体验吗？重要的是，身为父母的我们应该体谅藏匿于这种体验中的孩子的悲伤，从而减少对孩子的伤害，而不是阻止他感受悲痛，或者认为这种情感不应该存在而无视它。

面对为孩子问题咨询的父母，我有时会问他们"为什么要一个孩子?"这实际上是一个非常重要的问题，让我震惊的是，他们给出的理由是"因为想最大程度地珍视孩子"，他们天真地认为越珍视孩子，孩子就会越幸福，而这里的"珍视"指的是为孩子提供丰富的物质条件。说得极端一点，我想大多数日本父母心中都或多或少地存有这种想法，而其背后隐藏的真实情感是：他们想要逃避，不想与孩子共同体验悲伤和痛苦。

4. 兄弟间的"平等"

大多数的父母都相信自己平等地对待孩子们，但从孩子们看来，并不存在绝对的平等，这也是不可能实现的。因为兄弟们的年龄各异，爱好和兴趣也不同，试图用相同的方式对待他们是荒谬的，而且不同的年龄段也有不同的发展需求。有时，孩子们会因自己是长子、次子或幼子而觉得吃亏，抱怨"不平等"，这时父母们就会愤愤不平，这源于他们相信，即使看起来不平等，他们所做的一切都有合理的理由，态度在本质上是平等的。

孩子们控诉兄弟间的不平等时，父母急着否认"才没有这样愚蠢的事"，但如果稍微耐心地听完他们的话，就会有不少意外的有趣发现。这是因为当孩子们意识到自己的个性或寻求自立时，这样的控诉就会增加。无论"自立"还是"自我发现"都是非常精彩的课题，但要完成它们却十分艰辛，遭遇困难的课题时，任何人都想回到过去的舒适区，也就是逃回到不存在"个性"的挑战、被绝对平等包围的世界中。一直思考"个性"，也会让孩子们意识到兄弟间的差异，对兄弟不平等的控诉也因此出现，但若慢慢地接纳并倾听他们的心声，孩子们就会从兄弟间存在的差异聊到对自己个性的发现，这很神奇，人类成长的迹象有时会以负面的形态显现。

5. 兄弟力学

兄弟之间，有一种力学在发挥作用，另外，它与父母之间、亲子之间的力学交织在一起，形成了整体的家庭关系。在三个孩子的家庭中，尤其三人都是男孩或都是女孩的情况下，经常有人为中间的孩子患上遗尿或者口吃等轻微情绪障碍来咨询。这是因为，即使父母看上去好像并不偏心，但很多时候对长子（长女）或幼子（幺女）的关照并没有发生在第二个孩子身上，这是无意识的，也是自然的人类情感。这里顺便提一下，有三个孩子的父母可以数一下孩子们的照片，没有特殊原因的话，最多的一定是长子长女，接下来是幼子幺女，第二个孩子是最少的，这并不是有意识地偏心，而是人类的自然反应，因此被夹在中间的孩子就很辛苦。如果父母能意识到这一点，并改变态度，问题很快会得到解决，但若发展成下面这个案例，那么力学关系就会出现状况。

大家都认为"独生子女不容易"，所以不少家庭都要了二胎。不过最近经常有人因为"一个孩子非常坏而一个孩子非常好"来咨询。比如，一个家庭中的哥哥在学校蛮横无理，而妹妹完全是优秀的模范生。在讲夫妻关系时，我指出了夫妻的互补性，而他们家庭问题的起因就是夫妻并没有很好地发挥互补作用。也就是说，夫妻中的一方——多数情况是母亲——处于家中的支配地位时，如果长子恰好和父亲相似，不符合母亲心中的"好孩子"形象，那么他就总是会被否定；而接着出生的妹妹若恰好符合母亲的理想形象时，她就会成为典型的"好孩子"。

我们必须注意，这里的"好孩子"形象是非常单一的。父母的想法并没有交流和碰撞，母亲在塑造好孩子形象时完全将父亲的想法排除在外，并且跟过去相比，母亲对孩子的控制程度正在加强，所以就形成了好孩子与坏孩子的对立。特别是母亲所谓的坏孩子在父亲眼中是好孩子时，就会出现我反复提到的"家庭分化"现象。

此时，真正的问题是隐藏在兄弟背后的父母关系，因此改变就比较艰难。经常会出现哥哥通过接受治疗成为好孩子，而妹妹却变成了坏孩子的情况，因为家庭是保持着某种平衡的整体，并不会单纯地只有坏孩子变好，这时家人需要接纳妹妹，竭尽全力改变包括父母关系在内的整体家庭状况。

独生子女的家庭中，父母也需要下些功夫，通过与亲戚交往、与友善邻居交流等方式，创造一些人际关系，帮助孩子体验与他人分享苦乐、相互竞争又彼此亲密的如同兄弟一般的关系。过度的期待和过度的物质给予，只会让独生子女背上重负。

兄弟终成陌路人，有时兄弟间的相互憎恶比外人还要强烈，但随着年龄的增长，关系恶劣的兄弟也会和解。这是因为年纪渐长，竞争意识减弱，童心回归，开始怀念共同生活的孩童时期和骨肉亲情。不过也有些人因年轻时与兄弟的抗争过于激烈，好不容易到了能够体会兄弟情谊的老年时，却不得不承受孤独的痛苦。

6. 异性的兄弟姐妹

人们通过与手足的关系练习如何与他人交往，但手足是异性还是同性，却有着非常大的差别。我们以异性父母的形象为基础来构建未来异性配偶的形象，若对父母形象过分执着，就很难与父母分离。然而，从父母到真正的异性之间还存在着异性兄弟姐妹的形象。不论哥哥之于妹妹还是姐姐之于弟弟，都是超越了单纯手足情谊的存在。

古代埃及的国王和王妃就是兄弟姐妹。兄妹、姐弟的婚姻才是王的婚姻。也就是说，与异性的结合中不能混入外人的"血"。分析"梦"时，我们意外地发现，关于性的梦常发生在兄弟姐妹之间。做梦的人大多震惊不已，因为他们从未对兄弟姐妹抱有过性的欲望。不过这里所指的并不是直接感受到性的欲求，而是他们无意识地想要把"血的结合"与"爱的结合"统合在一起。这种统合一方面拥有只有王才被允许的至高无上的价值，另一方面，对世俗的凡人来说，是破坏社会规范的罪恶深重的行为。然而，人类正是无意识地经历了这个阶段，才完成了在社会允许范围内的真正的异性结合。

还有一些女性，对异性兄弟的潜在爱欲因血缘被强化，无法把性冲动转向自己的丈夫，于是她们就成了令人棘手的小姑子。

如上所述，异性兄弟姐妹的存在有着不同寻常的意义。因此，女性心中形成了虚幻的哥哥形象，而男性心中则形成了虚幻的姐姐形象，这些形象过于深刻，有些人无法跨越，就会去寻找温柔的异性。他们内心的理想形象既要拥有父母的温柔也要拥有异性的魅力，但这样的人在现实生活中几乎无处可寻。看起来像哥哥一样温柔的丈夫，让女方产生乱伦的恐惧而导致性无能；像姐姐一样温柔的夫人，不久之后便露出了太母的本性，有时差点要一口吞掉丈夫。

我提及了一些比较极端的情形，但在日本以《安寿和厨子王》为代表，描述姐姐为弟弟牺牲的故事不在少数，日本人很难在心中形成没有血缘关系的真正的异性形象，因此许多人把内在的异性形象叠加在这样美丽动人的姐姐身上。我认为，在考察日本人的心性时，姐弟的模式也是一把钥匙。

没有异性兄弟姐妹的人，容易对异性产生不切实际的期待和幻想，其实任何人都会把自己的内在投射到异性身上，但拥有与兄弟姐妹共同生活体验的人，很大程度上对异性的现实形象有了认知，因此会依照现实情况来修正。

最近因为孩子数量减少，没有异性兄弟姐妹的人越来越多了。这些人结婚生子后，母亲不知道如何与男孩相处，而父亲则不知道如何与女孩相处。又或者母亲没有在兄弟姐妹关系中见识过男孩子的顽皮，经常因为孩子的些许调皮行为就认定他是坏孩子。核心家庭化和家庭人员的减少让这样的问题呈现出来。

7. 兄弟争吵

不论同性还是异性，手足间的争吵困扰着每个家庭。但兄弟数量少，且都去参加补习班或兴趣班，没有时间吵架的情况不在我们的讨论范围内。这种情况剥夺了孩子们通过兄弟关系来学习未来必要的人际关系的机会。兄弟争吵是必要的学习过程。

话虽如此，我并不是说吵得越厉害越好，这是不言自明的。若想减少兄弟争吵，父母必须看到每个孩子的个性。

多数的兄弟争吵都是因为父母简单粗暴地给孩子贴上了"好孩子""坏孩子"的标签而导致的。对于几乎没有被顾及到的该隐来说，大概除了选择杀害亚伯，也没有其他办法了。得不到父母认可的孩子会把敌对的情感转移到兄弟身上来发泄。

为了防止这种情况发生，父母必须接纳每个孩子的个性，根据每个孩子的个性给予多元的评价。当孩子们都感受到了父母对自己存在的认可，就会发挥自己的个性，建立既竞争又良好的关系。

第九章

家庭的危机

1. 离婚

时常会有严重的危机降临到家庭中，比如意外的灾害事故、经济变动等，导致一家离散。经历过战争的我们经常在周围听到这样的故事：分离的家人，在漫长的岁月中再度重逢，上演了一幕幕出人意料的悲喜剧。即使不及这般严重，我想每个家庭都曾遭遇过某些危机，若未能成功克服，哪怕没有分崩离析，也会在家庭中留下无法掩饰的裂痕，表面上看起来保留了家的形式，但早已人心离散。

也有些危机来自内部分裂而非外部压力，例如离婚。夫妻因各自的意愿选择结合或分开，看起来似乎合情合理，但如果考虑到夫妻关系之外的家庭牵绊，问题就变得没那么简单了。

著名儿童文学家凯斯特纳的《两个小洛特》（岩波书店）是一部对婚姻有着深入思考的杰作。路易斯和洛特是一对孪生姐妹，她们的父母离婚了，父亲带走了路易斯，母亲带走了洛特。毫不知情的两个孩子，在10岁那年偶然相遇，交谈中得知了父母离婚并导致她们姐妹分离的事实，她们大叫"把我们两人分开真的好吗？难道不应该先征求我们的意见吗"？

着实如孩子所言。大人们可以根据自己的意志选择离婚，但孩子们的意愿又如何呢？即便离了婚，父母对孩子来说依然是无法替代的重要存在，《两个小洛特》中生动地刻画了这一点，让人为之动容。后来父母在路易斯和洛特的撮合下得以复婚，读者可阅读原著了解这部分内容。另外，凯斯特纳创作这本书时，离婚这个话题在儿童文学史上还是禁忌，尽管如此，关于离婚，他还是在作品中站在孩子的角度做了阐释，"在这个世界上，有很多孩子因父母的离婚而痛苦；同时也有很多孩子因父母没有离婚而痛苦"。凯斯特纳对离婚给孩子带来的伤害做了诸多阐述，但也提及了"因父母没离婚而痛苦的孩子"的存在，我认为这是非常重要的。

一对夫妻为孩子的精神问题来咨询，心理治疗师们发现，他们其实想离婚，但因孩子迟迟无法抉择，浑浑噩噩地过着日子。他们本打算向孩子隐瞒，孩子却察觉到了，并通过神经官能症的方式显现出来。这时，如果父母向对方坦诚自己的感受，以此为契机修复感情，孩子的神经官能症就会消失，这是皆大欢喜的结局；当然也有可能离婚，即便如此，孩子的神经官能症同样也会消失。也就是说，和欺瞒与伪装相比，哪怕结果不尽如人意，让事态清晰，才是真正为孩子好。

人类的幸福和生存方式，并没有标准答案。关键在于我们能多大程度诚实地思考及面对自己的人生。只考虑自己的幸福而对孩子的幸福熟视无睹，是极端愚蠢的；而为了孩子的幸福放弃自己的生活，也并不可取。只看重某一面的人，最终可能连这一面也会失去。人生并不是 A 或 B 的选择题，更多的情况是承担一切并寻求解决之道。

2. 中年危机

人生有各种各样的节点，中年就是其中重要一个。我们可以试着在心中勾勒一下人生轨迹，在某种意义上，人生在中年达到顶点之后就开始走下坡路。从上向下移动的过程中，我们会遭遇相应的危机，并且以家庭危机居多。家庭有着不可思议的整体性，家庭中某一个人的问题会意外地给其他家庭成员带来影响，一般来说夫妻都是同辈人，共同经历中年，所以中年问题常以夫妻危机的形式来体现。

N夫人刚过40岁，丈夫是位认真的公务员，父母为她留下了土地，所以她生活优渥。孩子们虽称不上非常优秀，但也平安地长大了。对她而言，生活无可抱怨，可她最近总是莫名烦躁，想对丈夫发火。她很难向别人解释清楚为什么会这样，因为在别人眼中，丈夫无可挑剔，没有不良异性关系也不赌博，除了工作原因偶尔晚归，平日都会雷打不动地按时回家，也从不会对妻子和孩子发脾气。一切看似平和无忧，但正是这一点让她不满意。万事安泰，安泰就是幸福，面对着对此深信不疑的丈夫，她甚至觉得自己被关进名为"安定"的牢狱之中，而丈夫就是看守员。每天6点半准时听到丈夫回家的脚步声，如同看守员巡逻的脚步声一般，使她异常焦躁不安。

她外出的时候变多了，参加各种聚会和排练，但并不觉得有趣。她跟朋友们坦言想要离婚，可没有一个人赞成。在朋友看来，她的丈夫几乎接近于理想型，"离婚简直太浪费了"。虽然她外出增加，但丈夫仍然没有改变模范的态度，只是家务着实无人打理，便开始有了些许抱怨，家中也终于出现了夫妻争吵。最让夫人无法忍受的是丈夫完全不能理解她的感受，每次争吵占上风的总是丈夫。

她自认为只剩下离家出走这个选择了。此时，她的父亲却突发脑溢血，待她赶到时，父亲已经躺在病床上半身不遂了。一旁照顾的母亲不停地责怪自己外出太多，没能顾及年迈的丈夫。听着母亲的自责，她似乎从父母身上看到了自己年老后的模样。在照顾无法正常说话的父亲的过程中，N夫人想要离婚的念头消失了。这种感受很神奇，她自己都无法言说内心的变化是如何发生的。因为之前有过不少争吵，丈夫的态度跟以前相比有了一些转变，但也不是特别明显，然而她这一方，夸张一点来说，却从心里涌出了想要与这个人白头偕老的念头。曾经让她莫名厌烦的丈夫的不解风情的行为，如今让她心生爱意，真是不可思议。

3. 转折点

危机发生时，若能忍受这种重负，就会迎来不可思议的转折。来我们这里咨询的人，多是痛苦已达极限、被逼到无路可走的人，即便如此，我们还是尽量不急着处理，而是让他们等待，因为我们知道神奇的转折大多都会来临。

就像 N 夫人的例子，父亲意外生病成为转折。生病真是一件不可思议的事，虽说是身体状况，但出乎意料地与心灵状态相关。刚刚介绍的《两个小洛特》的故事，也同样以洛特生病为契机，迎来了大转折，分离的父母再次相会。特别是孩子生病时，父母最好能考虑一下这其中的含义。很多时候，灵魂的呼唤并非采用言语的形式，而是通过身体状态来呈现。

让我们回到 N 夫人的故事中，她选择与丈夫结婚是因为喜欢他的认真与诚实，但时间久了，他的优点却变成了让她无法忍受的缺点，我在第四章中提到了夫妻关系中的互补性，某种意义上，夫妻的性格中存在着相反的部分，两人朝向共同目标迈进时，这种互补性就会发挥非常好的作用。比如身边经常有内向的人和外向的人结为夫妻。但人到中年，有了自己的房子，儿子也上了大学，终于可以歇一口气时，却在交流中猛然发觉，他们其实对彼此并不了解。当心灵有了充裕的空间，外向的妻子想出门兜风，而内向的丈夫却只想在家里悠闲地喝茶，一直以来丈夫的内向性和妻子的外向性向着同一目标协调地发挥作用，但两人慢慢地把目光转向对方时，才意识到彼此的差异。

这就如同两人背靠着背，一起迎战从四周杀过来的敌人，当战斗结束时转过身，震惊地发现"竟然和这样的同伴一起奋斗过来的啊"。外向的妻子无法理解丈夫，她不明白自己为什么和这种莫名其妙的人一直生活到现在，而丈夫的想法也如出一辙。这时，夫妻中的某一方就有可能在家庭外寻找理解自己的异性。人到中年，若不能对自己必须面对的课题有清晰的认识，那么不仅是家庭，自己的人生也可能毁于一旦。

4. 对话的舞台

一对中年夫妇的高中生独生儿子，毫无缘由地不去上学，整日在家中无所事事。无论母亲如何批评他都无济于事。父亲是公司的部长，每日忙于工作，没机会和儿子对话，也没时间耐心地听母亲诉苦，只是敷衍道"不久之后就能去学校了吧"，并没放在心上。但儿子一直拒绝上学，还开始与母亲对抗，乱扔东西，忍受不了的母亲强烈地向丈夫控诉，这时父亲才终于决定与儿子面对面。

父亲对儿子说"即使讨厌，有些事情也必须做""就算你不愿意，高中生也必须上学"。但儿子却反驳说"你不就是只做自己喜欢的事吗?"据说这位父亲在公司是一位威风的部长，喜欢喝酒的他以应酬为借口参加了不少酒局，周末就去玩高尔夫。在儿子的逼问下，父亲只好解释道，虽然他是公司的部长，也要做很愚蠢的工作，但他不想跟妻子提及这些愚蠢的事情，所以平时都只讲自己在公司的风光之事，而事实绝非如此。

这里的对话本应该在夫妻之间进行。"你不就只做自己喜欢的事吗?"其实是母亲对父亲的质问，而"我也做了很多不喜欢的或是愚蠢的事"是父亲对母亲的回应。但是这样的对话却很难发生。在过去，夫妻间并不存在对话的必要。这是因为，第一，夫妻二人为了生存而忙碌，没时间抱怨；第二，就是已经讲过的，在母性的日本大家族中，发挥强大支撑作用的是排除对话的一体感，当然，这种一体感事实上也压迫了家庭成员的个性。作为对后者的反思，如今我们强调个体的存在。我们试着更重视每个人的独立，而不是来自大家族的硬性要求，但这种情况下，个体与个体的对话是必要的。

我们想要个体的独立，却不擅长对话。为了一边对话一边共同生存下去，人们必须在某种程度上有勇气去触碰自己和他人的缺点。拒绝上学的儿子，在这里为父母构建了对话的舞台，而他自己也以此为契机重新踏进了学校。父母二人曾为儿子不上学而焦虑，但事实上，正是因为这件事，两人才成功地跨越了中年夫妻的危机。中年夫妻在孩子和兄弟姐妹、或是其他方面遇到棘手的问题时，若仔细体会就能发现，这些困境在避免夫妻危机上发挥了很大的作用，上帝会以出人意料的方式伸出援手。

对于许多人来说，上帝的救赎之类听起来十分愚蠢。现在也很少有日本人信仰特定的神灵或供奉神灵以求平安。实际上，通过供奉神灵而企图获得回报或者逃避灾难的想法确实挺可笑，但人类自古以来的行为背后总是有着意想不到的含义。

5. 牺牲品

如今，对于不信仰特定神灵的日本人来说，"实现自我价值"和"自立"似乎成了一种信仰。然而，不论任何信仰都需要付出代价。若没这种意识，只是单纯地追求自立，就会把牺牲强加给周围的人。

《两个小洛特》中的父亲是作曲家，艺术家需要孤独的体验，为了专心给《孩子们的歌剧》作曲，他把哭泣着渴求父亲陪伴的孩子拒之门外。经历了一系列事件后，他发觉自己创作的曲子没有灵魂，于是开始和家人一起生活。故事最终有了一个完美的结局，但这位作曲家日后恐怕会为自己的选择后悔，或是怀念过去离婚的日子，然而为了创作出有灵魂的曲子，他必须付出与家人共同生活的代价，没有自我牺牲的自立都是假象。

我在前几章中数次强调过，日本的家庭是母性的家庭集团。但近年来受欧美影响，各个家庭成员开始追求独立。

前面提到的Ｎ夫人，无法忍受自己的生活也是因为自立意志的萌芽，在她眼中，那时的丈夫是她自立路上的障碍。但因年迈的父母，她改变了自己的想法，看起来好像又退回到了原来的状态中，其实并不然。她觉察到了她的自立会把牺牲强加给他人，而且自立之旅对她来说也将是异常孤独的旅程，于是为了继续与丈夫生活，她决定接受自己需为此付出的代价。表面看似相同但内在实属不同。与从前相比，她会拥有更为丰盈的人生。

自立需要付出代价，觉察不到这一点的人，一旦拥有很强的自立意识，就会意外地导致家庭中的其他成员成为牺牲品。一位上小学的男生，在别人眼中是一个粗暴、情绪不稳定、让人棘手的孩子，他用残忍的方式杀害了学校饲养的兔子。与他的父母交谈中，我惊讶地发现，他们一直认为只要他们坚定地过好自己的人生，孩子也会同样坚定地过好他的人生。他们说得确实有道理，但他们所谓的"自己的人生"中，并没有把自己的孩子放进去。

人生充满了悖论，我们在提及"自己""我"的时候，其实包含了他人。最近流行的"自我实现"也是如此，若无法意识到"自我"所包含的悖论，就会变得极其可笑。自我实现需要付出代价，听起来不可思议，却是无法改变的事实。

在漫长的历史中，欧美人对"自立需要付出代价"已有了清晰的认知。但日本人不同，我们正急切地寻求"立竿见影"的自立，这时，家庭中的某些人就要成为牺牲品，而多数的牺牲都需要鲜血，因此就不可避免地出现了孩子们的伤害和自杀事件，甚至还有孩子因为父母虚假的自立信仰而丧命。

也许人们正是知道这些事情，才试图通过许多家庭内的宗教仪式来避免家庭成员成为牺牲品。我甚至觉得前面提到的杀害兔子的小学生，他的潜意识就对这种方式有所了解，毕竟比起让人流血，兔子的血还算是幸运的。

现代人若想抛弃古老的宗教仪式，那么至少要仔细了解这些仪式中包含的意义，并带到意识层面形成认知，来帮助我们避免灾难。我想，没有比当今的家庭关系更能让我们切身体会"自我实现需要自我牺牲"了。要想寻求自立，就必须接纳自我牺牲。

第十章

老年人与家庭

1. 老年人的位置

日本人的平均寿命变长了，老年人的数量也增加了。如今的平均寿命已高于古稀之年的 70 岁，"古稀"也不再稀奇。在我们的孩童时代，超过 50 岁的人，哪怕只是年龄超过 50 岁，都让人觉得很了不起。事实上，在过去，"活下去"本身就不是一件容易的事，长寿更是代表了一个人拥有强健的身心，因此，一般来说，老年人受到尊敬也是理所当然的。不过现在，医学和与之相关的科学急速发展，长寿已不再稀奇，有些人身心还没做好长寿的准备，就"被长寿"了，这就如同没有做好身心准备就乘着直升机飞到山顶一样，他不但无法欣赏高山的壮丽景色，还忍受不了高原反应，甚至想着干脆跳下去算了。

对老年人来说，当下面临的最艰难的挑战是如何寻找自我存在的价值感。在家务劳动繁重的年代，老年人的手也是相当珍贵的，特别是女性，处处都有修补、清扫、洗衣服等家务，老年人承担了其中一部分，有着重大的意义。而且，胜任这些家务需要懂得一些老窍门，因此老年人的智慧也是必要的。这时，老年人可以清楚地意识到自己的存在价值，而周围的人对此也有共识。

我常听医生说，因脑溢血倒下的老年人在康复过程中，他所处的心理环境对其恢复程度有着极大的影响。老年人是否参与到整体的家庭生活中，实际上是个不容忽视的重要因素。即使不依靠他做什么，至少要让他了解家庭中正在发生的事情和生活的实际状况。从这一点来看，房子变大了，每个人都有独立的房间并不完全是好事。老年人住在上等的房间里，远离繁琐的家庭关系，看起来不错，实则产生了相反的效果。在狭窄的家中，虽有不少烦恼，但正是这些烦恼让老年人感受到自己的存在。另外，在恢复过程中，适当地让他做一些对家庭有益的事，比如看家，并且让他知道家人的感激之情，他就会康复得很快。也有一些老年人患有严重的健忘症，完全不认识家人，或是大小便失禁，不过当家人对他的态度发生转变后，他也会得到很大程度的恢复。

由此可见，近代社会的大多数"进步"都一次次地剥夺了老年人的生存空间。极端一点地说，现代社会越来越不需要老年人了。说到这里，有人可能会强调社会进步增进了老年人的福祉。确实，医疗和健康管理方面有了很大的提升，但老年人因此变得幸福了吗？腰腿一痛就被带到大医院，不得不与家人分离的现代的老年人，和一边护着腰腿一边干活，让儿媳妇和孙子帮忙揉腿的过去的老年人，哪个更幸福呢？随着经济的急速发展，我们好像养成了用金钱衡量事物价值的习惯。多数老年人的工作若换算成金钱，都没太大价值。就连房屋的构造也是一样，让老年人与家人的接触越来越少。

即使在这样的趋势下，我们仍然有必要重视老年人，不仅因为他们曾经对家庭和社会有贡献，而是应该从老年人当下的存在方式中发掘价值。若我们只想着回报老年人曾经的辛劳与付出，这种情感并不会持久，人们在现实中接触到"无能"的老年人后，尊敬与感激变淡，有时甚至还会出现厌恶之情。

2. 与爷爷奶奶的分居

一位小学三年级的男孩遗尿严重，母亲十分苦恼，来找我咨询。其丈夫是一流公司的精英，她也是大学毕业的才女。丈夫虽毕业于一流大学，但他的父母缺乏教养，在同住过程中出现了不少麻烦，夫妻二人付出了很多努力，终于有了自己的新房，与父母分开居住了，就在她以为可以歇一口气时，孩子却开始遗尿。

她很重视孩子，克制想去工作的意愿，把所有精力都倾注于家庭上。与父母住在一起时，她还经常去外面散心，但分开后为了孩子，外出也减少了。丈夫的父母很喜欢孩子，但因教养不足，一味地溺爱，或者经常说一些愚蠢、不科学的话，曾让她十分困扰。分开生活后，她终于可以按照自己的方式养育孩子了，还为此高兴不已，而现在她想弄清楚她的育儿方式到底哪里出了问题。

她十分关心孩子，感受力又敏锐。心理咨询师对她说"你认为不利于孩子教育的爷爷奶奶不在了，孩子反而出现了问题"，以这句话为契机，她很快发现了症结所在。她觉察到爷爷奶奶的淡定很好地缓解了她和丈夫对孩子焦躁急切的爱。她属于那种一旦投入某件事情就忘我的人，比如丈夫带同事回家时，她会把全部心思都用在招待客人上，这时孩子就觉得自己好像被抛弃了一样。母亲的态度急剧发生转变，让孩子产生了是否仍被爱的怀疑。而从白昼转变到黑夜的过程中，爷爷奶奶如同月亮对于太阳一般的存在，缓和急速的变化，让温和的光照进黑夜。

这位专注的母亲意识到自己的问题后，立即询问是否需要再次和爷爷奶奶同住。心理咨询师建议她说"你此刻的急性子也许才是应该好好反思的地方"，于是，她与分开以来尽可能敬而远之的爷爷奶奶重新开始了密切交往，孩子的遗尿问题也迎刃而解了。

3. 老年人的智慧

老年人的价值很难用肉眼看到。老年人的智慧与代表进步的知识不同。为了让大家了解老年人的智慧，我要讲一个日本流传下来的"弃老山"的传说。类似的故事并不少见，其中有一个版本如下。

人到了60岁就要被扔进山中，但儿子却偷偷地把父亲藏了起来。有一天，主人命令大家"用灰搓成一条绳子"，正在所有人一筹莫展时，儿子向躲起来的父亲求助。父亲告诉他，先结结实实地搓一条绳子，然后小心翼翼地烧成灰，再拿给主人。通过这件事，老年人的智慧得到了认可，"弃老"的风俗也终止了。

这是个很有象征意义的故事。就在大家绞尽脑汁思考如何用灰搓成绳子时，老年人却尝试了逆向思考，也就是说先搓成绳再烧成灰，这种大胆的思维转换不正是我们需要的吗？如今，我们不妨也试着用逆向思维看待老年人的问题。比如，年轻人常说"爷爷奶奶烦得受不了，不要理他们"，如果逆向思考的话，就变成了"总是被无视，所以爷爷奶奶才啰嗦"；或把"跟不上社会的步伐，因此老年人没有价值"转化为"因为阻碍了社会的进步，所以老年人才有价值"。直到最近，人们才逐渐意识到无法再为"进步"而天真地拍手叫好了。在这一点上，不正是老年人给我们带来了有意义的反思吗？

最后我想说，人们常说"老年人不行了，什么也做不了"，难道我们不能把它逆转为"因为老年人什么也没做，所以才了不起吗?"我们是不是过于用一个人做了什么来判断他的价值呢？而看似毫无作为的老年人，其"存在"本身就是所有的价值。

平日里我们总是为做些什么而忙碌，却往往忽略了最本质的"存在"。比如内心的空间被大学教授的身份占据，导致自己的存在本身出现危机，这时，老年人的"无为"让我们意识到"存在"的重量。能真正理解这一点是相当困难的，但正是了解了这一点，不论老年人还是家人，内心才会因此获得安宁。老年人的智慧，在更深层的意义上，与自我认知相关，是无法用金钱价值来考量的。

4. 两个太阳

人类真是矛盾的存在。我刚就老年人的价值发表了一番大胆言论，现在就要从反面来论述。接下来我要讲的内容特别关乎于现在的年迈女性。一位年近60岁的妇人，在长子结婚不久后得了抑郁症。长子是相亲结婚，儿媳妇人不错，对双方家庭来说，这几乎是无可挑剔的良缘。婚后，儿媳妇也表现得很好，作为婆婆的她很欣慰，但却得了抑郁症。这时，她做了一个不可思议的梦，在梦中她看到了美丽的夕阳，转身后又看到了东方冉冉升起的朝阳，两个太阳的存在让她从梦中惊醒。

这个梦如实地反映了她的内在状态。如果把人生轨迹比作太阳的运行，60岁的她虽然还没到被称为"落日"的程度，但用下沉的太阳来形容也是理所当然的。然而她内心的另一面却如同上升的太阳。如果我们了解了她目前为止的人生，就能知晓其中原委。她也是相亲结婚，虽说是相亲，但与父母选择的对象见面就意味着结婚，幸运的是，丈夫和丈夫的母亲都是好人，可从那之后，她便压抑自己的欲望，过着以侍奉他人为准则的人生。从她结婚到长子娶了媳妇，这段时期内社会发生了急速变化，她对这样的变化没有特别抵触，甚至还挺满意的。

世间有各种各样的生存方式，并不存在正确答案。不论压抑自我的生活方式还是让自我成长的生活方式，都很了不起，也同样精彩。只是看着充满活力的年轻儿媳妇，她受到了强烈的刺激，婚后一直被压抑的自我在60岁之后开始活跃。也就是说，下沉的夕阳和上升的朝阳在她内心交错，让她异常痛苦。她无法忍受重负，得了抑郁症也是可以理解的。虽然错过了最佳时期，她接下来需要做的就是通过一定程度上体验冉冉升起的太阳一般的生活后，把两个太阳整合在一起，然后逐渐下行，虽然抑郁症会因此被克服了，但这个过程是十分艰难的。

之前我讲了老年人的无为和老年人的智慧，刚刚说的则是老年人必须曾经"年轻过"。这个问题之所以对现在的女性有着特别重大的意义，是因为如今的女性老年人，大多都经历了"以杀掉自我"为美德的时代，但年老后，当她们知道自己也有可能像年轻人一样选择自我实现的生活方式时，事情就变得棘手了。事实上，男性也是如此，日本的男性也并没有很好地完成自我的确立，生活已经让他们精疲力竭，甚至连梦见两个太阳的能量都没有。体验到两个太阳存在的人，通过勇敢面对这种纠结，就可以走上成熟之路。但上了年纪后，只想成为上升太阳的人会变得如何呢?

一位 70 岁的女性对我说,"我曾侍奉丈夫和婆婆,他们死了之后我又侍奉儿子,最近连儿媳妇也要一起伺候了",她不想只为他人而活,要听从内心做一次自己,于是决定离家出走。我清楚地记得,说这些话时她脸上闪耀着光芒,身上涌动着像高中男生一样的不顾后果的莽撞力量。这种青涩的自立意志,一旦在心中萌动,她就很难做好死亡的准备。因为她无法拥有"以退为进、无为而为"的老年人的智慧。这样的人即使离家出走或者着手尝试新事物,也很难以此获取真正的满足,因为这种表层的满足,终究无法成为她"自我存在"的证明。

5. 死后的生命

在考察中我们愈发意识到,当今老年人的处境着实悲惨。有一个细节清楚地呈现了这一点。最近出现了一股"民间故事热",人们对民间故事的关注度很高。为了收集民间故事,有人去田野向老年人问询,但老年人并不积极。因为有些老年人觉得民间故事很无聊,或是他们看到被改编成动漫等形式上映后的故事与自己所了解的不同,而认定自己是错的(《日本人和民间故事》小泽俊夫编)。也就是说,老年人认为电视中播放的新的东西才是正确的,所以有所顾虑。确实,新事物大多是正确的,但所有的都是如此吗?

我从一个中学老师那里听到一个有趣的故事。课堂上,大家不知不觉地聊到了地狱的话题,他便拿出《地狱草纸》的画讲了起来,令人意外的是,学生们表现出很高的兴致,于是他又趁机跟他们讲了小时候从祖父母那里听到的关于地狱和天堂的故事,结果一位听得非常认真的不良学生从那之后就停止了不良行为,走上正途。

现在，我想没有人认为地狱和天堂是真实存在的，但有趣的是，它却产生了真实的影响。我并非主张不良少年们都应该学习《地狱草纸》，这种"真实"都与不可言喻的机缘有关。刚刚提到的例子中，讲地狱故事的老师的人格起着很大的作用，而听故事的不良少年的内心状态也同样重要。若想让这个关于死后世界的故事在现实生活中发挥实际作用，每一个因素都十分关键。

第一次出国旅行的人，在出行之前会对目的地展开各种想象，或者搜集关于那里的各种信息，丰富的想象力会提高我们对旅行的期待，有时也会带来不安，但无论如何，想象未来都是人类的一种乐趣。不过如今的人们却对他们最终要去的世界缺乏想象。

瑞士的精神治疗师荣格说"人应该能够说，他已竭尽全力建立关于来世的概念，或者创造它的某种形象。不作尝试是一种重大的损失"（引自

《荣格自传2》）。这确实是"重大的损失"，好不容易要去旅行了，却对目的地毫无认知，着实可笑。虽说如此，若遵循理性思维，对于死后世界的想象才匪夷所思。然而，就像刚刚讲的中学生的例子，这种想象为我们今世的生存方式提供了丰富的启示。

有老年人的家庭，无论是老年人还是家人，试着想象一下大家死后还会重逢。也许死后，从肉身和现实世界中解脱，人们看待事物会比现在更透彻吧。那时，如果老年人质问"你曾经怎么做出那样的事"，我们死后的灵魂该如何回答呢？因此，即使老年人无为无力，也不能粗暴地被对待。对死后重逢的想象，会影响我们今世的人际关系。对于老年人和与之相关的死亡的想象，看似愚蠢，但把人类当作整体的存在来理解的话，却有着重大的意义。老年人即使无所作为，其存在本身就会给我们带来诸多思考。

第十一章

家庭的内外

1. 难以对付的亲戚

平时疏远的亲戚，在自己遭遇不幸时前来安慰，共同承担悲伤，这时我们会深切地感受到亲人的可贵和血缘的温情。"血缘"真是不可思议，把大家连接在一起，让我们的内心感到莫名的慰藉。

与之相反，也有不少人因棘手的亲戚而感到不愉快，或者可以说几乎所有人都有过这种体验。比如，许久未见的表兄穿着气派前来探望，交谈中得知由于经济形势好，他想扩大事业，需要一些资金援助，因为是亲戚，而且还能获得丰厚回报，所以欣然应允，但之后竟音信全无，一调查才知道他是诈骗惯犯。无论是谁，在拥有一定程度的地位和财产后，都想帮助他人或快速增加自己的财富。被人称赞"你是亲戚中最有出息的""你从小就是个爱帮助别人的善良的人"，而且通过援助他人还能获得巨大的利益时，任何人都会忍不住掏钱。总之，虽然事后意识到对不切实际的事情要提高警惕，但也为此付出了过高的学费。然而，这或许还是幸运的，只经历一次就结束了，毕竟受害多次的情况也是存在的。

还有一些人因棘手的亲戚而备受折磨。一位总是上门哀求借钱的亲戚跟你保证这是最后一次了，他要洗心革面重新做人，而你也相信他的诚意了，但最终他还是辜负了你的信任。你决定就此放弃他，结果他要死要活还被抓进了警察局，你虽不情愿却又不得不去管。

2. 来自家庭外部的启示

夏目漱石在《道草》中描述了被无赖亲戚纠缠而产生的不快感，那是一种黏糊混沌、让人无法摆脱的痛苦。正是这种让人棘手的亲戚的存在，才淋漓尽致地呈现了生活中的不能承受之重，我想这也是《道草》成为名作的原因。

通过中间人的斡旋，支付了一定的金额，就在《道草》主人公健三的妻子以为从此不必再与亲戚纠缠时，健三却说还未结束，困惑的妻子追问如何才能真正结束，而他回答"世界上几乎不存在可以完全解决的事，一度发生的事仍会继续，只是变换了形式而我们都没发觉罢了。"这是相当有深意的一句话。

如果把人的一生当作自我实现的过程来看，那么只要活着，说不定死后也一样，痛苦就不存在真正意义上的"结束"。有时，我们以为某些事情已经处理好了，可实际上这只是一连串事件的开始，我们动辄就忘了生存中无处不在的沉重或紧张感，沉浸在安逸的生活之中，此时，让人棘手的亲戚就会出现，提醒我们生命中有些东西是持续存在的。从这个角度来看，人生还是很合理的。

夫妻关系偶尔会因双方的亲戚而动摇。我在第四章中讲到夫妻各自背负着不同的历史，夫妻间存在的细微分歧，会因亲戚的行为而急速扩大，甚至还会发展为无法愈合的裂痕。比如，丈夫的弟弟酒品不好，遇到挫折就三番五次地前来纠缠，妻子忍不住抱怨道"还不是因为你弟弟没有骨气才落得这番田地"，这埋怨中也包含了她对丈夫莫名的不满。而"你的兄弟"这个说法让丈夫觉得妻子把他当成了外人，所以大为不悦，这时他若不愿认输，反驳道"你说什么呢？你的家人才……"，那么双方都会陡然意识到夫妻也只不过是外人，意想不到的隔膜也因此产生。

不论夫妻还是亲子之间，都存在着不可明说的真相。如果夫妻中的一方一时冲动说出了口，彼此之间就会心生罅隙，难以修补。

家庭外部的亲戚问题，加剧了家庭冲突，动摇了家庭关系，但它也是契机，让潜藏于家庭内部的断层显露出来。与其叹息或以亲戚为由相互抱怨，我们应该把它当作让家庭关系变得更紧密的机会。

3. 自立与孤立

亲戚之间的交往不容易，而邻居和职场同事之间的交往同样不轻松。这些人际关系都对家庭的人际关系产生了深远的影响。

当今的日本人之所以觉得人际交往难，是因为作为人际交往基础的伦理观出现了混乱。我在第二章中讲过，日本的人际关系中母性原理占优势，与他人建立关系时，人们心中的理想模式是以母亲为中心抱成一团的家庭模式。接触西方文化后，日本人逐渐意识到"个体的确立""以父性原理为基础"的生存方式的价值，于是开始对日本模式的人际关系感到厌烦，宁可不与他人建立关系，因此现在日本大城市的邻里关系也变得异常淡薄。

若真正地期待自我的独立，那么我们就该着手解决每个独立的个体该如何交往的问题，然而，完成这个课题之前，人们就选择了以自我为中心的、极端且孤立的生存方式。

自立与孤立是不同的，自立的人不会担心与他人交往会威胁到个体的存在，所以不会拒绝与人交流。在自立还未最终形成时，人们会在人际交往上感到困难，因此有孤立的情况出现。青春期的初期，孩子们想从家人身边独立，就是这种心理状态在起作用，我们可以把它理解为迈向自立的必要过程，但问题是成为大人后依然保持孤立。

如今，日本社会的母性原理仍然很强大，人际交往中起主导作用的依旧是母性原理，这对个体的存在产生了很大的压力，现在日本人际关系的难点也正在此处。我们日本人在批判性思考时依据的常常是父性原理，行动时却遵循母性原理。有人认为家庭和亲戚的人际关系会破坏自己的个性，于是选择逃离，但这样的人即使建立了新的人际关系、加入新的团体，这个团体最终仍是母性团体，形成的是疑似家庭，当然本人并没有意识到。

由此可见，在当下的日本，构建人际关系复杂又艰难。最终，我们除了捕捉各种各样的人际关系的本质，并学会平衡母性原理和父性原理之外，也别无他法。若非如此，我们在构建一种人际关系时就会破坏其他关系。例如，一些人与家庭外的团体的关系越来越紧密，而家庭内的和谐却被破坏，这样的例子并不少见。

一位男性在高中和大学时非常热衷体育运动，还担任社团的队长。也是这一点得到认可，他成功地入职一家一流企业，未来可期。然而不久之后，他越来越消沉，还企图自杀，幸运地被救了下来。令他烦恼的是人际关系，在工作中，他活用了在体育社团做队长的经验，但高中毕业的年轻手下完全不吃这一套。他曾所属的社团是传统社团，社团整体如同一个家庭，为了社团的凝聚性大家牺牲了其他的人际关系，对于自愿加入社团的人来说当然没有问题，但这种方式却在大企业工作的现代年轻人中行不通。公司方面天真地以为，在社团得到检验的方法一定会有效果，结果希望落空。

4. 出外闯荡

为了更好地理解自己的家庭和其存在方式，来自家庭外部的观察是必要的。这就如同去国外之后才更了解日本一样。我想大多数人都有过这种体验，小时候去亲戚家玩，惊奇地发现，自己家中理所当然的事情在其他家庭中并非如此。比如，原以为父亲每晚都是喝酒的，却发现还有滴酒不沾的父亲；原以为母亲都是等其他家人吃完后再吃饭的，却发现还有和家人一同开心用餐的母亲。而且，我们莫名地觉得亲戚家比自己家好，但到了晚上天色渐黑时，却突然很想家，泪眼婆娑，这时才意识到还是有妈妈在的、自己家最好，然后兴高采烈地回家了。

很久以前，人们就认为成长需要出外闯荡，这是因为大家都认同远离家庭保护的生活体验是有意义的。那时大多采用"去别人家做工"的方式，吃人家的饭，忍受他人严格的管教，然后才能长大成人。即便现在，也有不少父母觉得，上了大学、体验过集体生活的儿子和女儿似乎一夜之间就长大了，这正说明了"走出家门"在当今仍有价值。

不过最近，好不容易离开家却产生了反效果的案例也增加了。这是因为经济富足了，父母们误认为不让孩子们在物质上受苦他们就会幸福，结果孩子离开家不但没有体验到辛苦，反而躲到没有父母监视的地方享受安逸的生活去了。我认为现在的父母，比起铆足劲努力为孩子做到一些事情，反而应该学习"即使能做到也不为孩子做"的爱的方式。

那些认同出外闯荡是好事的家长们，也有一些地方需要反思。拒绝上学的孩子的父母中，不少人认为孩子太娇气，应该严厉地对待他们，于是主张把孩子寄养在别人家或送去儿童援助机构。这种情况下，的确有许多孩子很快便重新上学了，父母也很高兴，但暂时观察一段时间或者过了一年再次回家时，孩子又开始不上学，这是因为虽然孩子通过离开家获得了一些令人欣慰的进步，但父母这边若没有任何变化，也会导致前功尽弃。

一般来说，提出把孩子寄养他处的父母，都没有意识到或不想意识到只有孩子改变而自己不变是无法解决问题的，因此事情的进展并不会那么顺利。这时我们会阻止他们这样做，然后让他们和孩子一同吃苦，一同改变，从而寻求问题的解决之道。出外闯荡也只有一定程度上存在亲子联结的前提下才能发挥良好的作用。

5. 死后重生

长大成人是件十分艰难的事情，就像已经讲过的，孩子若想成为真正的大人，必须杀掉内在的母亲或父亲。不管他们如何在内在完成这个过程，都需要与现实生活中的父母在关系上作一番苦战。为了避免出现这种情况，以前的人就下了不少功夫，比如青年宿舍的存在。

年轻人到了某个年龄就要去青年宿舍体验，这也意味着与母亲分离。他们一边过着属于年轻人的生活，一边偶尔集体做一些违反社会规则的事情，当然是在允许的范围内。在那里，他们被领导者管教或尝试反抗，在这样的反复中，年轻人以充分了解他们行为的领导者和长老们为对象，集体成功地"杀掉了母亲和父亲"。这其中也采用了一些象征着"弑母""弑父"、或是孩子死后作为成人重生的仪式。

到了近代，我们开始排斥这样的仪式和风俗，父母都在各自的家庭中养育自己的孩子。随着个人主义思潮越来越强烈，人们都认同每个人对自己人生负责的生存方式，但我们也要意识到做到这一点绝非易事。不借助家庭外的力量、只在家庭内部考虑孩子的成长，有个性又有趣也有价值，然而一旦失败，就会导致本应通过仪式来完成的"弑母""弑父"的悲剧在真实家庭中发生，或是关闭了孩子们从死亡到重生的可能性。

6. "女性的灵力"

　　如今日本家庭中发生的悲剧，让我想起了柳田国男著名的论文《女性的灵力》。柳田认为，作为日本的固有信仰，人们认为女性是能够为家庭中存在的不安和未来的困惑带来救赎的神的媒介者。然而作为神的媒介者的女性，用柳田的话来说开始"专业化"了，与家庭分离，形成了"女巫"这个职业，所以他感慨家庭中的女人已经无法再行使这项职能了。

　　那么，现在的日本社会中，是否还存在"女性的灵力"？近代的理性主义思潮下，我们真的不再需要这种奇特的存在了吗？每当与家庭暴力的高中生见面，我们都能感受到他们内心如同狂风暴雨般的非理性的力量。这是因为他们开始思考"我为何出生、此时为何在这里存在、死了之后要去哪里"这些关于本源的问题，并为寻找答案而狂躁。但他们没有意识到这一点，也无法诉之言语，于是粗暴无礼地谩骂父母，"你们不是真正的父母""生我只不过为了满足你们自己的私欲"，以此来让父母痛苦，而所有的父母都没有答案，只能任由孩子胡闹。近代的理性主义无法成为救世主，这时，作为年轻人内心暴风雨的缓冲剂，"女性的灵力"一旦发挥作用，就会产生很大的效果。

尽管柳田国男感慨"女性的灵力"的丧失，但我认为如今的日本家庭还是有所保留的。奶奶会给子孙们讲地狱和天堂之类的故事，讲那些把我们的灵魂与遥远过去连接在一起的传说。生活在一起的姨母（母亲的妹妹）对孩子来说相当于母亲和恋人之间的存在，温暖孩子的内心，守护他们对未来的梦想。一个孩子长大成人的过程中，这所有的一切都作为必不可少的要素发挥着作用。

或者不只是"女性的灵力"，伯父、叔父的存在也有意义。过去的家庭兄弟姐妹很多，父亲的弟弟妹妹都生活在一起，在第三章《亲子关系》中我讲了"两个母亲""两个父亲"，对孩子来说，父亲（母亲）的形象偶尔会分裂成"善的父亲、恶的父亲"或者"天的父亲、地的父亲"，这时因为有了"另一个父亲"的叔父的存在，孩子得以在外部体验了分裂的父亲形象，于是更容易将两者统一。或者我提到的"弑父"这件事，当难以向亲生父亲发起挑战时，孩子通过与叔父的争吵，某种程度上也累积了经验。又或是在与父亲对决时，叔父作为理解孩子的人能够给予他援助。父与子的这种直接关系有着巨大的爆发力，而伯父、叔父的倾斜关系则可以发挥缓冲剂的作用。

不论如何，居住在一起就会有不少烦心事。核心家庭是轻松和理性的，但我已经讲得十分清楚了，核心家庭也让我们失去了很多，这种弊端直到最近才被人们意识到。我们在推进核心家庭的进程中，有必要时刻反思如何寻回我们为此失去的。比如，在与棘手亲戚的交往之中找寻遗失的东西，在核心家庭成员的内在发掘"女性的灵力"，只有付出这种努力，核心家庭才能获得幸福。

未来的家庭

第十二章

1. 合家欢乐的幻象

我已经从很多方面考察了家庭，最后我想再谈谈未来的家庭。这个话题颇具难度，甚至让我不知如何下笔。

对于现在的日本人来说，合家欢乐的氛围十分重要。

比如，去年总理府进行的"关于国民生活的调查"中，对于"什么时候感到充实"这个问题，"合家欢乐"排在第一位，"专心工作""与朋友熟人见面交谈"在其后，而"参与社会服务和社会活动""学习和提高自我修养"则更加靠后。虽说在30岁至50岁男性中，"专心工作"还是占据第一位，但紧随其后的就是"合家欢乐"。这个结果表明，对日本人来说，与家人共度愉快的时光意义重大。但现在的日本家庭中，和睦的时光还能持续多久？它到底有没有那么大的价值？不禁让人抱有疑问。

一个女中学生在超市盗窃被发现，被带去接受心理辅导。中学的咨询老师在与这个少女交谈的过程中了解到，她的父亲非常重视合家欢乐，期待着每周日一家人坐上他驾驶的私家车去郊游。对于上小学的她，这着实是件值得高兴的事。特别是一直都想拥有一台私家车的父亲——这也是全家共同的愿望——终于如愿以偿时，周日成了一家人热切期盼的日子。弟弟兴奋得手舞足蹈，父母嘴上会责备一下，可心里还是高兴的，而她哪怕只是看着车窗外移动的风景都兴奋不已。另外，在餐厅共进晚餐也同样令人期待，与在家吃饭不同，餐厅有高雅的情调和华丽的氛围。但不断重复这种体验的过程中，她越来越厌烦周日的出游，极端地说，她感到父亲正把自己的乐趣强加给其他家人，每次兜风也只去几个老地方，而且对她来说最无趣的是，她和父母、弟弟都聊不到一起去。弟弟太孩子气，而父母二人也只不过说一些老生常谈的话罢了。

于是，她对餐厅的就餐也失去了兴致，再也感受不到魅力了。她想和朋友一起过周日，她觉得为了父亲憧憬的合家欢乐，她甚至牺牲了自己的兴趣，但父亲毫无觉察，还认为她很享受。周日的出游是一个象征性的事件，对她而言，父亲心中的"合家欢乐"正挤压她自己的重要世界，她无法对其他人说出自己的感受，因此某一天心神不安时偷了东西，被抓起来，这一点她自己都没有预料到。

上面的案例中，若女儿不能为自己的不安找到适当的出口，即使没有发生意料之外的盗窃事件，也会有其他状况出现。比如，进了餐厅后，她可能会抱怨"真是难以下咽""怎么总是点一样的东西啊"，而父母如果无法理解她内心真正想要表达的，生气地回答"你说什么呢""怎么这么任性"，那么，来之不易的"合家欢乐"便瞬间坍塌。这时，父母应该意识到"合家欢乐"已经到了必须发生质变的时刻了，女儿抱怨的并不是食物，而是她正在挣扎，她无论如何都想告诉父母，他们追求的"合家欢乐"只不过是幻象。

2. 车有两台、无孩子

我们都渴望家人在一起过着快乐的生活，但若只是单纯地、表面化地推崇这一点，有时会破坏家庭成员的个性。因为必须时刻保持快乐，那么大家就可能被迫带上面具。如果我们认真地对此进行反思，也许会得出这样的结论："人们想要真正地发展自己的个性，最好不要拥有家庭"。事实上，不少的现代欧美人都对家人、家庭持有否定的态度。或者即使结婚，他们也尽量尊重彼此的自由，并且不要孩子。"有房有车"这种说法在日本流行的时候，我在欧美听到了另一个版本："车有两台无孩子"。它意味着新式的夫妻生活方式：夫妻二人有着各自的车，却没有孩子。

和男性相比，女性更容易深切地体会到家庭牵绊对自己个性的抹杀。一位女性高中毕业后就自力更生了，生活上再没依靠过父母。大学学费是她打工做家教赚来的。她大学时成绩优秀，在男生中也颇有人气。她认为日本公司无法发挥自己的能力，所以选择了外企，又因工作得到认可而被调到美国总部。其间，她不断地更换男朋友，也曾与人同居，但无论如何都提不起结婚的兴致，她不能忍受自己的能力被家庭束缚而得不到施展。

她过得十分潇洒，工作得心应手，也不缺让自己适当享受生活的男友。因为收入高，还经常去旅行。然而年近 40 岁时，她回到了日本分社却被严重的抑郁症困扰。公司的工作毫无乐趣而言，起初她认为自己属于美国风格，不适合日本文化，但后来她不得不承认她开始想要结婚生子了。当她意识到隐藏在内心的渴望后，即使在电车上看到带孩子的女性都会万分痛苦，甚至想冲上前把人推倒夺走孩子，她担心自己无法克制冲动，只好闭门不出，也不得不放弃了工作。

这样的案例让我意识到，我们有必要重新思考家庭对于人类的意义。

3. 家庭的悖论

昭和 55 年 1 月 31 日的《朝日新闻》上，有一则关于美国女权运动掉转风向的有趣新闻。报道称，女权运动著名领导者贝蒂·弗里丹最近在论文的开头援引了某位中年女性经理的话："我投入了自己的全部生活，想要在男性领域做出一番事业，夜晚回到一个人的公寓时，我已无法忍受内心荒芜般的孤独，我想要家人，哪怕没有父亲只有孩子，我的生活也可能会变得好一点……"

这句话就像刚刚讲到的案例一样，让我想起了一直讴歌独立生活的好处，到了中年却突然哀叹着想要结婚生子的人。这其中还有一些人，本来有着极其冷静的判断力，但因为结婚的念头过于强烈，眼睁睁地被骗了婚。对于这样的女性们，即使向她们说明"家庭总是麻烦不断""就算有孩子也只是让人操心，他们都很任性，根本不会顾及父母的感受"也效果甚微。她们认为这些都是已经拥有的人才有的烦恼，跟孤独的痛苦无法相提并论。

女权运动著名领导者提出重新认识家庭，这一点颇耐人寻味。当然，她并不是主张"女性们回到家庭吧"，而是让人们意识到家庭是人类幸福的基础，意义重大，不论男女都应该同心协力，携手共进。作为笔者，我已经强调多次，我反对单一地把家庭当成自立路上的绊脚石，但也难以认同这一次急速反转的"家庭才是重要的、是幸福的基础"的片面言论。只是一味地"渴望结婚生子"解决不了任何问题。有些人正是没经过深思熟虑就轻率地结婚生子，才导致不幸加倍。我们有必要对家庭的悖论有更加清晰的认知。

4. "你难道不理解父亲的感受吗？"

A 先生是一位备受好评的中学老师，热心优秀，但却对自己的孩子束手无策。上中学的儿子成绩不好，这是因为升入初中后，他每天都过得很悠闲，从不努力用功。妻子责怪 A 先生"从事教育工作的人教育不好自己的孩子吗？"于是，A 先生无奈之下成为了儿子的家庭教师。A 先生为此备受折磨，不论在学校还是在家里都要工作，他总是想懈怠一方，但教育者的自觉让他努力想把两方面都做好，然而儿子的成绩却始终不见起色。在家时，儿子看起来领会得挺好，可一到考试就犯愚蠢的错误。A 先生检查试卷答案时发现，原来中学的考试题目本身就十分愚蠢。A 先生的儿子就读于一所以应试为核心的学校，学生们都非常努力，所以考试会考察一些琐碎的知识，还有不少诱导学生犯错的奇怪问题。一直以来，A 先生都是站在出题和阅卷的老师的立场上，但这一次当他从被考的这一方来重新审视考试时，才察觉到其中的问题。尽管如此，儿子成绩不好仍然让他气愤不已，忍不住埋怨儿子"学校工作已经很累了，回家还要为你讲课，难道你就不理解我的感受吗？"

对此，儿子认为虽然父亲张口闭口就是学习很重要，"但你自己不是什么都没学吗？"这句话击中了 A 先生的心，于是，为了解决教儿子过程中以及在考试题目上遇到的疑惑，A 先生加入了自己学科的教育研究会，开始了"学习"。正应了"如果父亲学习那么我也学习"这句话，儿子也开始学习了。而且，不可思议的是，儿子不再犯以前那种愚蠢的错误了，并取得了与能力相符的成绩。

听了这个故事，有些人认为他本人十分专注于自己的研究，所以孩子的教育不会有什么问题，但情况并非这般简单。如果父亲只顾着埋头搞自己的研究，儿子会渴望与其进行人与人之间的交流，或是从正面质疑父亲的教育者身份，事实上这样的案例不在少数。简而言之，儿子拒绝父亲居高临下、漫不经心地面对自己。就像最初那样，无论 A 先生多么用心，只要他是"为儿子才做的"，就不会产生效果。只有当 A 先生自己加入研究会，决心努力时，与以往不同的地平面才会展开。

这里我特别想强调一点，当这种不同纬度的世界敞开大门时，我们就能把与过去完全不同的能量为己所用。学校的工作加之研究会的活动，还要时不时关注儿子的学习，A先生却不如以前那般疲惫了。家庭、职场和社会，我们常常试图通过弱化与其中一方的联结来节省自己的能量，结果却不尽人意。就像A先生一样，虽然最初走错了方向，但当他不去切断各种牵绊，而是试着努力与学校和儿子同时建立联结时，地平面随之展开，新的能量的矿脉也因此出现了。

5. 我们自身的潜力

随着物质文明的发展，人们似乎把自己当成了某种器械，为了使用时间更长，我们尽量不用，也有人认为因为在职场上已经消耗了不少能量，那么在家里就节省一些，反之亦然。

但刚才的案例表明，我们并不是器械。发现新的矿脉时，我们就能发掘出来不同以往的能量。同时案例也证实了，我并非赞同"没头没脑"的努力，花费大量时间辅导孩子学习的努力与从正面接受孩子对于"父亲本身不学习"的提议而做出的努力，性质是完全不同的，实际上我们不是常常为了逃避后者的痛苦，才选择不断地重复前者的努力吗？

我在第一章《如今，家庭是什么》中提到，家庭在现实生活中为我们提供了对决的场所。家庭常被认为阻碍了个性的发展，但没有家庭的孤独又会破坏个性。当我们不偏颇任何一方，不去逃避生存中不可避免的悖论，并不断付出努力，就会意外地发现存在于我们自身的潜力。这时，即使要做的事情比以前增加了，不但不会觉得累，甚至还更有活力。

多数现代人都被器械模型的思维所禁锢，试图节约自己的能量，反而导致疲劳加倍。

6. 存在的确认

本章的第一个案例中，父亲把自己的意志强加给其他家人而导致合家欢乐的幻象破灭；而后面提到的 A 先生的案例，合家欢乐却在他家中真实地实现了。A 先生向儿子展示他在研讨会上学习到的新的授课方法，并听取儿子的意见，当家庭中的每一个人都作为完整的人，而不是为谁服务的工具来相互交往时，合家欢乐就复活了。只有把孩子当作一个拥有完整人格的人来看待，才会出现真正的和睦。极端一点地说，完整的人也包含了每个人的恶。冲突和争端无法避免，但正是经历了这些，人们才能相爱。

完整的人包含了人类的全部，考虑到这一点，再加之日本的国情，如何让父性原理较以往发挥更大的作用，也许是日本家庭未来要面临的课题。不过我并非主张让父性原理成为中心，父性和母性的平衡才是重要的。而且关于完整的人，最理想的状态是，家庭成员中的父亲、母亲和孩子作为平衡的体现者，都必须努力践行自我成长。让更多的人在与家人的实际对决中培养出父性，对于日本社会变革是十分必要的。不然就像我提到的女权运动中的女性一样，在父性和母性原理之间体验跷跷板游戏，始终无法完成真正的变革。如今，试图给日本带来男性原理的真正改革者们，大多是家庭中的"问题孩子"，目前为止我已经举了很多这样的案例了。

曾经盛行一时的"my home"主义①，让一直以来生活在母性原理主导的职场中的日本男性更关注自己的生活了，从这一点看来，其作为男性原理被引入，是值得称赞的。然而"my home"被粘手

———
① "my home"主义：日本 20 世纪 60 年代的流行语。否定日本战前"奉公"的封建思维方式，优先考虑私人生活的价值观。——译者注

的母性原理所主导时，这一回家庭又成了破坏个性的地方。房子、私家车以及新式厨房等，作为合家欢乐的象征，人们无法轻易得到反而还好，但伴随着经济的高速发展，它们不再触不可及时，"my home"的幻象便开始消失了。于是，我们开始搞不清楚家庭到底应该以什么为目标、又以什么为中心而存在。或许我们到了不能只向外寻求、而必须从自己的内在找出目标的时候了。在与家人的联结中确认自我的存在，用现在流行的话来说，就是自我同一性的确立，正在家庭关系中接受考验，而多大程度上可以将其完成，是未来每个家庭都要面临的课题。

7. 永远的同行者

提到自我同一性，日本人一直试图从"家"的永存性中来寻找。一个人的出生和死亡，包含了我们无法了解的非理性的部分。在整个宇宙中转瞬即逝的我们，总是希望自己能以某种方式"永存"。对此，日本人向"家"中寻找，所以从前的人们非常重视作为永远同行者的祖先的灵魂。

但现在的日本人却试图否定过去的"家"和"祖先的灵魂"，那么我们是否找到其他替代品了呢？因为没有确定答案而感到不安的人们，想要再次依赖曾否定的古老东西。因此，人们近来愈加重视各种固定的家庭仪式，比如生子、婚礼和葬礼，隆重且盛大地操办。但实际上，物质变得丰富了，人们的精神仍是匮乏的，不断膨胀的不安只是一味地把人们驱赶进了物质世界。

为了让每个人都能找到各自适合的永远的同行者，未来的家庭必须能够兼容和谐与冲突。我主张日本有必要更多地采用父性原理，但我也清楚地表示，我并非强调父亲是最重要的，从父性与母性的平衡来说，成为家庭中心的既非父亲也非母亲，也不是孩子，那么是什么呢？

存在于中心的应该是永远的同行者。为了活出自我，每个人都不希望其他成员束缚自己的自由。但缺乏中心的自由会逐渐导致崩坏，所以未来家庭必须着手解决的严峻问题是如何找出这个神奇的中心。我们可以把它理解为，家庭会在某个阶段出现相应的中心，可能是父亲、母亲或者孩子。也就是说，成为中心的人并不固定，说到底只是暂时的中心，而真正的中心存在于背后。

当然，我们也要考虑到有些人正是因为没有家庭才得到了永远的同行者，所以比起家庭的有无，永远的同行者重要得多，最后，我再补充一点，这个同行者会让我们付出意想不到的代价，我们要做好接纳这种牺牲的心理准备。

后记

本书以我在讲谈社发行的杂志《书》中以"对家庭关系的再次思考"为题，于 1979 年 5 月至 1980 年 4 月之间连载的 12 篇文章整理而成。在整理的过程中，我做了些许的修订和增加。

如同我在本书中反复强调的，当今的家庭关系面临着诸多困境，即使在解决他人家庭问题上有着丰富经验的咨询师和教育者们，有时也会对自己的家庭问题一筹莫展。这绝非仅仅提供了一个关于"无暇自顾"的话题，而是印证了如今家庭问题的严峻性。"孩子有问题是因为家长有问题"，这种简单的思维在当下已经行不通了。极端一点地说，即使父母和孩子都很好，问题也会发生。这意味着现代家庭的存在方式本身出现了问题。

如此一来，就有必要深入挖掘一下家庭问题。对于家庭关系，不去寻求"怎么做"的答案，而是重新思考其存在意义，带着这样的意图，我开始了"对家庭关系的再次思考"的连载。我们临床医师经常会遇到比小说还稀奇的事件，家庭关系中亦是如此，不过我在本书中尽量选择了"普通"家庭的案例，以此让大家了解，即使普通家庭也存在着众多的问题。

意外的是，连载开始后，我收到了热烈的反馈，欣慰的同时也深感当今家庭问题的严峻性。连一位我认为根本不会读我文章的了不起的老师，都对我说"你写得还真是有趣"，让我甚是惭愧，不过只要事关家庭，恐怕就与你是否了不起无关。我也在书中使用了"实际的对决"这样的表达方式，与你所处的阶层和学历无关，家庭关系的有趣之处——也是困难之处，就存在于人与人的相互碰撞中。对于连载过程中给予反馈的诸位朋友，在这里我向你们表示由衷的感谢。正是有了诸位的鼓励，这些连载才得以完成。

我原本打算援引社会学、文化人类学等有趣的研究，从更广阔的视角来论述家庭，但从读者的反馈来看，我认为提供关于家庭关系本身的心理事实更为合适，另外也有字数的关系，只好缩小了内容范围。在阅读的过程中，我想大家能逐渐窥探到我最初的意图。作为与日本的社会和文化紧密相关的问题，从正面来考察家庭关系，我认为无论如何都是有必要继续进行下去的。总之，为家庭问题而痛苦的诸位，如果通过本书意识到这并非小事，而是与日本文化和社会关联的重大事宜，并在着手解决时，能从本书中得到些许启发，我将感到十分荣幸。

在《书》的连载过程中，我得到了讲谈社天野敬子编辑的大力帮助。天野编辑为我传递了读者的信息，同时也给了我诸多鼓励，协助我完成了工作。在本书的出版上，我还得到了学艺图书第一出版部的铃木理先生的帮助，在此表示诚挚的谢意。

河合隼雄

1980 年 8 月

译 后 记

最初知道河合隼雄先生，契机是《孩子的宇宙》。因朋友极力推荐，我抱着好奇的心态翻开了那本书。

那是三年前，女儿一岁多，作为新手妈妈，我把市面上近百本关于养育的书籍搬回家，开始恶补各类育儿方法。

但孩子成长过程总会不断有新的问题出现，我并没有因为掌握了更多育儿"知识"而变得自信，反而会因"按书养的孩子仍有问题"而焦虑不安。

而河合先生的那本书，不同于我读过的其他的关于养育、教育类的书籍，给了我一种新鲜、与众不同的阅读体验，让我意识到孩子的世界竟是如此神奇和辽阔。

随后，我几乎把所有河合隼雄先生在中国出版的书都买了回来，他的书涉及心理学、社会学、教育等多个分野，他像一个智者，四两拨千金，一路读下去，我开始带着更多的敬畏之情去理解成长、生命与人性。

为了更多地了解河合隼雄先生，我在日文网站上搜索查询，无意中发现彼时还未引进中国的《家庭的牵绊——关于家庭关系的思考》，我兴奋地向上海三联书店的杜鹃编辑推荐，于是就有了此书的出版。

并且，我很荣幸地获得了翻译的机会。一方面，让更多人了解河合先生的思考与思想，这件事本身就很有价值；另一方面，翻译过程于我更是一个难得的学习机会。

这本书写于 1980 年前后，主题是家庭关系，虽然是近四十年前，虽然是日本的案例，但对今日的我们仍有巨大的启示意义，翻译中我不禁感叹，人类在"家庭关系"上面临的问题竟是如此一致。

书中，河合先生以心理学方面扎实丰富的临床经验为基础，为我们深层解读了家庭中的夫妻关系、亲子关系、多子女养育与隔代养育等种种困扰着现代家庭的问题，并为我们提示了走出困境的线索。

比如，在夫妻关系方面，我们常常会基于自己的观点和价值观来评判对方为什么和我如此不同，这也是很多夫妻争吵的来源，但在第四章《夫妻的牵绊》中，河合先生说道，夫妻之间既需要相同性更需要互补性。相同的部分让夫妻关系得以维持，但对立的部分则为夫妻关系的发展提供了可能性。如果我们能意识到这一点，并积极面对彼此的差异，就能让关系得到更加深入的发展。

如今越来越多的家庭选择了生二胎，不过平衡两个孩子的关系却让很多人棘手。在第八章《兄弟姐妹》中，他强调，当孩子们意识到自己的个性或寻求自立时，对兄弟间不平等待遇的控诉就会变多，这是因为孩子们开始思考"个性"，意识到自己与兄弟姐妹的差异。看似负面的抱怨，实则是孩子成长的迹象。

又比如，在隔代养育方面，当我们都在叹息与老年人的价值观冲突时，他特别指出了老年人的价值。在第十章《老年人与家庭》中，他举了一个案例，一位母亲因不赞同爷爷奶奶的养育方式而决定与老人分开生活，结果孩子却开始出现了遗尿问题。因为这位母亲对孩子的爱过于焦躁和急切，而一直以来淡定的爷爷奶奶起到了缓解和平衡的作用，如今老人不在了，孩子则显露了问题。

再比如，对于双薪家庭的父母来说，家庭和职场无法平衡是绕不开的痛点。在第十二章《未来的家庭》中，他提到，人类好像把自己当成了某种器械，为了使用时间长点，我们尽量不去用。于是，面对家庭、职场和社会，我们常常试图通过弱化与其中一方的联结来节省自己的能量，结果却不尽人意。而他认为，当我们不去逃避生存中不可避免的悖论，并不断付出努力，就会意外地发现存在于我们自身的潜力，这时地平面就会展开，新的能量的矿脉也因此出现，即使在职场与家庭间奔波，我们可能也会充满活力。

《家庭的牵绊——关于家庭关系的思考》一书中，类似以上这样充满启发性的分析和观点非常多，我相信每位读者都会在书中找到对自己人生有益的部分，此处不再详述。

但是，如果你试图从书中找出明确告诉你如何做、并快速解决你所有家庭困境和危机的答案，那么你恐怕会大失所望了。在他的书中，你看不到任何一二三条的"包你药到病除"的解决方法。

曾经有一位女士为与儿媳妇的关系而苦恼，屡次问河合先生有没有好的解决方法，河合先生告诉她并没有，而是不断鼓励她直面问题。

一对夫妻想把自己的"问题孩子"送到专门的寄宿制管理机构时，河合先生阻止了他们，他认为父母正在逃避与孩子共同承担痛苦，如果父母只是期待孩子改变而自己不改变，问题是永远解决不了的。

他还反对把家庭问题简单地归结于谁对谁错，他主张即使父母都没问题，孩子们也可能会出现问题，因为家庭的机制远比想象中复杂，而且成长的契机常常以"负面""恶"的形态显现。

当我们把家庭和谐当成目标时，他却鼓励"对决"，比起虚假的"和谐"，他强调夫妻、亲子之间，需要真实的自我表达，需要个性与个性的碰撞，只有真实的关系才能实现真正的和睦。

人生中有各种各样的困境，我们总想寻找一劳永逸的解决方法，大多是因为我们不想面对痛苦，不过河合先生认为，答案就在面对和承担这个痛苦的过程中，只有经历了痛苦，才有可能跨越人生赋予的课题，我们才能真正地成长。

因此，从他的书中，我们得到的绝非是某个答案或方法，而是面对及承担自己人生的勇气。

"人类的幸福和生存方式，并没有标准答案。关键在于我们能多大程度诚实地思考及面对自己的人生。"这是河合隼雄先生写在文中的一句话，将其作为译后记的结尾，送给所有敢于面对人生真相的朋友们共勉之。

图书在版编目（CIP）数据

家庭的牵绊：关于家庭关系的思考/（日）河合隼雄著，李晓
理译. —2版. —上海：上海三联书店，2023.7
ISBN 978 - 7 - 5426 - 8146 - 1

Ⅰ. ①家… Ⅱ. ①河…②李… Ⅲ. ①家庭关系-研究
Ⅳ. ①C913. 11

中国国家版本馆 CIP 数据核字（2023）第 115700 号

家庭的牵绊——关于家庭关系的思考

著　　者／［日］河合隼雄
译　　者／李晓理
策　　划／李晓理
责任编辑／杜　鹃
装帧设计／ONE→ONE Studio
封面插画／周弋可
监　　制／姚　军
责任校对／张大伟

出版发行／上海三联书店
　　　　　（200030）中国上海市漕溪北路 331 号 A 座 6 楼
邮　　箱／sdxsanlian@sina.com
邮购电话／021 - 22895540
印　　刷／上海展强印刷有限公司

版　　次／2023 年 7 月第 2 版
印　　次／2023 年 7 月第 1 次印刷
开　　本／787mm×1092mm　1/32
字　　数／122 千字
印　　张／7.75
书　　号／ISBN 978 - 7 - 5426 - 8146 - 1/C·632
定　　价／49.00 元

敬启读者，如发现本书有印装质量问题，请与印刷厂联系 021 - 66366565